KB040439

자유론

돋을새김 푸른책장 시리즈 **023**

자유론

초판 1쇄 2016년 2월 03일
초판 2쇄 2019년 10월 15일

지은이 | 존 스튜어트 밀
옮긴이 | 권 혁
발행인 | 권오현

펴낸곳 | 돋을새김
주소 | 경기도 고양시 일산동구 하늘마을로 57-9 301호 (중산동, K씨티빌딩)
전화 | 031-977-1854~5 팩스 | 031-976-1856
홈페이지 | http://blog.naver.com/doduls 전자우편 | doduls@naver.com
등록 | 1997.12.15. 제300-1997-140호
인쇄 | 금강인쇄(주)(031-943-0082)

ISBN 978-89-6167-221-4 (03300)
Korean Translation Copyright ⓒ 2016, 권혁

값 10,000원

돋을새김
푸른책장
시 리 즈
0 2 3

자유론

존 스튜어트 밀 지음 | **권혁** 옮김

돋을새김

여기에서 펼쳐지는 모든 논의가 집중하고 있는 숭고한 주요 원칙은 인간의 발전은 최대한 다양하게 이루어져야 하며, 그것이 절대적으로 또 본질적으로 중요하다는 것이다.

– 빌헬름 폰 훔볼트《정부의 영역과 의무》

존 스튜어트 밀John Stuart Mill(1806~1873)

1649년 영국왕 찰스 1세의 단두대 처형은 시민에 의해 군주가 처형되는 최초의 사건이었다. 이로써 영국은 절대 왕정 시대를 끝내고 시민 국가 시대로 들어섰다.

영국의 권리장전(1689년). 법률로 왕권을 제약하여 영국 의회정치 확립의 기초가 되었다. 미국의 독립선언(1776년), 프랑스 인권선언(1789년)에 영향을 끼쳤다.

프랑스 인권 선언문. 프랑스 대혁명으로 만들어진 인권선언이다. 프랑스 대
혁명은 1789년 불합리한 구제도(앙시앵 레짐)를 철폐하고 정당한 시민의 권리
를 주장하여 일어난 시민 혁명이다. '인간은 나면서부터 자유롭고, 평등하다.
정부를 움직이는 힘은 국왕에게 있는 것이 아니고 시민에게 있다.'라고 결의
되어 있다.

일러두기

1. 이 책은《On Liberty》By John Stuart Mill. (The Walter Scott Publishing Co., Ltd.)를
   원본 텍스트로 했다.
2. 이 책의 이해를 돕기 위해 필요한 부분은 역자 주를 첨가했으며, 원저자 주는 장별로 구
   별하여 실었다.
3. 각 장별 소제목은 원본에는 없으나 이해를 돕기 위해 편의상 첨가하였음을 밝힌다.

여전히 애틋한 기억으로 남아 있는 친구이자 아내였던 그녀에게 이 책을 바칩니다. 그녀는 내가 쓴 글들 중에서 가장 뛰어난 모든 것들에 영감을 제공해 주었으며 함께 글을 쓰기도 했습니다. 진리와 정의에 대한 그녀의 뛰어난 감각은 내게는 가장 훌륭한 자극이었으며, 그녀의 공감은 가장 큰 기쁨이었습니다.

내가 오랜 세월 동안 썼던 모든 글들이 그렇듯이, 이 책의 많은 부분들도 그녀와 함께 쓴 것입니다. 하지만 이 책은 더 없이 귀중한 그녀의 수정을 거치지 못한 채 매우 부족한 상태로 발표되었습니다. 보다 더 세심한 재검토를 받기 위해 가장 중요한 몇몇 부분들을 남겨두었지만, 이제 영원히 그렇게 할 수 없는 운명이 되고 말았습니다.

그녀의 무덤에 묻혀버린 위대한 생각과 고귀한 감정의 반만이라도 이 세상을 향해 설명할 수만 있다면, 그녀의 비할 데 없는 지혜의 도움을 받지 못한 채 내가 쓸 수 있는 글에서 얻을 수 있는 것보다 더 큰 혜택을 이 세상에 전할 수 있을 것입니다.

– 존 스튜어트 밀

차 례

제1장 서론 Introductory

제2장 사상과 언론의 자유
Of The Liberty Of Thought And Discussion

제3장 복지의 한 가지 요소인 개별성에 관하여

Of Individuality, As One of The Elements of Well-Bein

제4장 개인에 대한 사회적 권한의 한계

Of The Limits To The Authority Of Society Over The Individual

제5장 원리의 적용 Applications

제 1 장
서론

Introductory

권력을 제한하는 자유의 의미

이 에세이의 주제는 철학적 필연론이라고 잘못 이름 붙여진 개념과 대립한다고 알려져 있는 이른바 의지의 자유(자유의지)가 아니라 시민의 자유 혹은 사회적 자유이다. 즉, 사회가 개인에게 정당하게 행사할 수 있는 권력의 성질과 한계를 다룰 것이다.

이 문제는 명확히 규정되어 있지 않으며, 일반적인 논의도 거의 이루어지지 않고 있다. 그러나 현실에 늘 잠재되어 있어 현시대의 실질적인 논의에 매우 깊은 영향을 끼치고 있으며, 머지않아 미래의 중요한 문제로 떠오르게 될 것으로 보인다.

비록 전혀 새로운 것은 아니지만, 어느 면에서 보자면 이 문제는 아주 오래 전부터 인간 사회를 분열시켜왔다. 하지만 보다 문명화된 인류가 진보의 단계에 진입하게 된 지금, 이 문제는 새로운 상황 속에서 부각되었으며, 과거와는 전혀 다르면서 보다 더 근본적인 논의가 필요하게 되었다.

자유와 권력 간의 투쟁은 우리가 오래 전부터 익숙하게 알고 있는 역사, 특히 그리스와 로마 그리고 영국의 역사에서 가장 두드러지게 나타나는 특징이다. 하지만 고대 시대에는 이러한 투쟁이 시민 혹은 시민의 일부 계급과 정부 사이에서 벌어졌으며 자유는 정치적 통치자의 폭정에 맞선 보호를 의미했다. 통치자들은 (그리스 민주주의 정부의 일부 통치자들을 제외하고) 필연적으로 자신들이 통치하고 있는 시민들과 적대적인 입장에 있는 것으로 인식되어 왔다. 지배적인 한 개인이나 일부 종족 혹은 계급으로 구성된 통치자들은 세습이나 정복을 통해 권력을 획득했으며, 피지배자의 희망에 따라 권력을 차지했던 경우는 없었다. 또한 사람들은 위험을 무릅쓰고 그들의 패권에 도전하지 않았으며, 그들의 강압적인 권력 행사에 맞설 예방책들은 마련할지라도 권력을 차지하려 하거나 경쟁하지는 않았다.

통치자들이 차지한 권력은 필요한 것이기는 하지만 대단히 위험한 것으로 여겨지기도 했다. 권력은 외부의 적들에 맞서기 위한 것 못지않게 백성들을 상대하는 무기로써 행사되어 왔다. 상대적으로 약한 공동체의 구성원들이 수많은 독수리들의 먹이가 되는 것을 막기 위해서는 나머지보다 더 강한 독수리에게 모두를 제압할 권한이 부여될 필요가 있었다. 하지만 왕이 된 독수리 역시 다른 독수리들 못지않게 공동체의 약한 구성원들을 먹이로 삼으려 할 것이므로, 부단히 독수리왕의 부리와 발톱에 맞서는 자세를 갖추고 있는 것이 반드시 필요했다. 그러므로 국가를 염려하는 사람들은 통치자가 공동체에 행사하는 권력을 제한하고 그것을 받아들이도록 강제하는 것을 목표로 삼았다. 그들은 이러한 제한이 곧 자유라고 생각했던 것이다.

권력의 제한은 두 가지 방법으로 시도되었다. 첫째는 정치적 자유 혹은 권리라고 불리는 일정한 면책특권을 확보하여, 통치자가 그것을 침해하려 한다면 의무 위반으로 간주하고, 실제로 침해할 경우에는 일정한 저항이거나 전면적인 반란을 정당한 것으로 인정받는 것이다. 두 번째는 최근에 채택된 일반적 수단으로써 헌법적인 견제를 확립하는 것이다. 즉 보다 더 중요한 통치권을 집행할 때는 공동체나 공동체의 이익을 대변한다고 인정된 일정한 집단의 동의를 필요조건으로 삼도록 만드는 것이다.(역자 주 : 17세기 명예혁명 이후 영국은 의회에 의해 국왕의 권한이 제한되었으며, 입헌 정치의 발전이 이루어졌다.)

첫 번째 제한 방법은 대부분의 유럽 국가에서 지배 권력이 일정 정도는 어쩔 수 없이 따르지 않을 수 없었다. 그러나 두 번째 방법은 아직은 제대로 실행되지 않고 있다. 따라서 헌법적인 견제를 획득하거나, 그것이 어느 정도 실행되고 있는 경우라면 더욱 완전하게 만드는 것이 자유를 열망하는 모든 사람들의 중요한 목표가 되었다.

사람들은 적을 한 번에 하나씩 상대하는 것에 만족했기 때문에 폭정에 맞서 어느 정도의 유효한 보장을 받는다는 조건이 있다면 통치자의 지배를 받으려 했으므로 그 이상을 넘어서는 욕심은 부리지 않았다.

하지만 인간의 생활이 점차 진보하면서, 통치자들이 자신들의 이익에 반하는 독립적인 권력을 갖는 것이 자연의 순리라는 생각을 더 이상 하지 않는 시대가 되었다. 자신들의 이익을 위해서라면 국가의 다양한 행정 관료들이 자신들의 뜻에 따라 언제든 해임될 수 있는 일꾼 혹은 대리인이어야 한다는 것이 훨씬 더 낫다고 생각하게 되었다. 오직 그런 방법만이 정부의 권력이 절대로 자신들에게 불리하게 남용되지 않고 완벽한 안전을 누릴 수 있게 할 것으로 생각했던 것이다.

점차로 선거를 통해 임시적인 지도자를 선출하겠다는 이와 같은 새로운 요구는 대중적인 정당이 존재하는 곳이라면 어디에서나 그 활동의 우선적인 목표가 되었으며, 지도자의 권력을 제한하려는 이전의 노력을 상당 부분 대체하게 되었다.

피지배자의 주기적인 선택에 의해 지배 권력이 만들어지도록 하려는 투쟁이 전개되면서 일부 사람들은 권력의 제한 자체에만 너무 많은 중요성이 부여되었다고 생각하기 시작했다.

권력에 대한 견제는 체질적으로 시민들의 이익과 상반되는 이익을 추구하던(그렇다고 여겨지던) 지배자들에게 저항하는 수단이었다. 그러나 이제는 지배자들이 자신들과 일체가 되어야만 한다는 것이 요구되고 있다. 즉 지배자들의 이익과 의도가 시민들의 그것과 일치해야만 한다는 것이다. 따라서 이제는 시민들의 의지가 거부되어 보호받을 필요도 없어졌으며 또한 더 이상 시민들의 의지 자체가 억압될 것에 대한 두려움도 없어졌다.

통치자가 국민의 의지를 효과적으로 책임지도록 만들고, 국민의 의지에 따라 즉시 파면될 수 있도록 한다면, 자신들이 사용하도록 지시한 권력을 소유한 통치자를 신뢰할 수 있게 되는 것이다. 통치자의 권력은 국민 자신들의 권력일 뿐이며 행사하기에 편리한 형태로 집중되어 있는 것이다. 이런 유형의 생각, 더 정확히 말해 이러한 유형의 감수성은 지난 세대의 유럽의 자유주의자들 사이에서 일반적인 것이었으며, 여전히 유럽 대륙을 뚜렷이 지배하고 있다. 따라서 존재해서는 안 된다고 생각되는 일부 정부를 제외하고, 정부의 활동에 제한이 가해져야 한다고 생각하는 사람들은(역자 주 : 대중 민주주의의 이론가인 프랑스 정치가, 토크빌Alexis de Tocqueville[1805~1859] 등을 가리킨다.) 대륙(유럽)의 정치 사상가들 중에서도 예외적인 존재들로 여겨졌다. 만약 이러한 정서를 권장하던 당시의 상황이 변함없이 지속되었다면, 그와 유사한 정서적 분위기가 지금 우리나라(영국)에도 널리 퍼져 있었을 것이다.

그러나 개인들의 경우에도 그렇듯이 정치적, 철학적 이론들 역시 실패했을 때는 감춰질 수도 있었던 약점과 결함들이 성공했을 때는 겉으로 드러나 보이게 된다. 사람들 스스로가 지배자들의 권력을 제한할 필요가 없다는 생각은, 민주주의 정부는 꿈에서나 가능한 것이며, 먼 과거에 존재했던 것이라고 배웠던 시절에는 자명한 것으로 보일 수도 있다. 그러한 생각은 프랑스 대혁명과 같은 일시적인 탈선에 의해서도 흐트러지지 않았다. 프랑스 대혁명의 가장 나빴던 점은 그것이 권력 찬탈을 위한 소수의 행위였다는 것으로, 민주적인 제도들을 만들기 위한 지속적인 행위가 아니라 단지 군주와 귀족의 전제에 맞선 갑작스럽고도 발작적인 폭동에 속하기 때문이었다.(역자 주 : 프랑스 혁명은 1789~1794년에 걸쳐 프랑스에서 일어난 자유주의 혁명이다. 도시민과 농민이 주축이 되어 촉발되었으며 프랑스의 절대왕정이 무너지고 공화정이 수립되는 계기가 되었다. 그러나 당시 루이 16세가 혁명 재판에 회부되어 단두대에서 처형되는 상황은 유럽 각국의 군주들에게 충격을 주었으며, 이후 프랑스는 로베스피에르에 의해 공포정치가 실시되는 등의 과정을 겪었기 때문에 밀은 프랑스 혁명에 대한 문제점을 지적하고 있다.)

그러나 지금 지구상에서 아주 큰 면적을 차지하고 있는 나라(역자 주 : 1831년 프랑스 귀족 출신 토크빌은 미국을 여행한 후 미국의 민주주의에 대해 2권의 저서를 냈다. 미국의 민주주의 실태는 유럽 지성인들에게 충격과 감동을 동시에 주었으며, 밀에게도 많은 영향를 끼쳤다.)에 민주적 공화제가 정착되어, 국가들의 공동체 중에서 가장 강력한 열강으로 인정하도록 만들었다. 즉 선거에 의해 선출된 책임 있는 정부라는 것이 관찰자들과 비판자들의 주목을 받는 주제가 되기 시작했다. 따라서 이제는 '자치 정부'라든지 '스스로를 지배하는 대중의 권력'과 같은 표현으로는 이 나라의 진정한 모습을 표현하지 못하는 것으로 인식되고 있다. 권력을 행사하는 '대중'이라는 것이 권력의 지배를 받는 대중과 언제나 동일하지 않으며, 이른바 '자치 정부'는 각자가 스스로를 통치하는 것이 아닌 각자가 다른 모든 사람들에 의해 통치되는 정부를 말한다.

더 나아가 여기에서 대중의 의견이란 실질적으로 그들 중에서 가장 다수이거나 가장 활동적인 부류의 의견을 의미한다. 즉 다수파 혹은 자신들을 다수로 인정하도록 만드는데 성공한 집단의 의견인 것이다.

결과적으로 그러한 집단은 일부 구성원들을 억압하려고 시도할 수도 있다. 다른 형태의 권력 남용에 맞서는 것과 마찬가지로 이러한 억압에 대해서도 충분한 예방책들이 필요하다. 그러므로 권력을 장악한 사람들이 공동체에 대해, 즉 가장 강한 부류에 대해 일정하게 책임을 지는 경우에도, 개인에게 행사되는 정부의 권력을 제한하는 문제는 여전히 중요하다. 이러한 견해는 지성적인 사상가들에게는 물론이고 민주주의와는 믿을 수 없을 정도로 상반되는 관점을 갖고 있던 유럽 사회의 중요한 계급들의 성향에도 동시에 만족스러웠으므로 그러한 정치 기반을 확립하는 데에는 어려움이 없었다. 그러므로 정치적 논의에 있어, 이제 '다수의 횡포'는 일반적으로 사회가 경계해야 할 악덕들 중의 한 가지로 자리 잡게 되었다.

다수의 의견과 개별성의 경계

다른 폭정들이 그렇듯이 주로 공적 권력기관의 행위를 통해 집행되는 다수의 횡포는 처음에는 물론이고 지금도 두려움을 불러일으킨다. 그러나 생각이 깊은 사람들은 사회 자체가 폭군이 되었을 때 - 즉 사회가 집단적으로 그 사회를 구성하는 독립적인 개인들을 억누르는 - 그 폭정의 수단이 정치적 관료들에 의해 집행될 수 있는 행위들에만 국한되지 않는다는 것을 파악했다. 사회는 자체적으로 명령을 집행할 수 있으며 실제로도 그렇게 한다. 그런데 만약 정당한 명령 대신 부당한 명령을 내리거나, 결코 간섭해서는 안 되는 일들에 대해 명령을 내리게 된다면, 여러 종류의 정치적 탄압들보다 더 견디기 힘든 사회적 폭압을 실행하는 것이 된다. 비록 일반적으로는 극단적인 형벌에 근거해 집행되지는 않는다 해도, 일상생활의 세세한 곳까지 훨씬 더 깊숙이 침범해 인간의 정신 자체를 노예화시켜 그것을 피해갈 방법이 더욱 적어지기 때문이다.

그러므로 행정 관료의 폭정에 맞설 보호만으로는 부족하다. 널리 퍼져 있는 지배적인 여론과 감정으로 자행되는 폭압 즉, 사회가 민사처벌 외의 방법으로 반대 의견을 가진 사람들에게 사회 자체의 사상이나 관행을 행동규범으로써 강요하려는 경향에 대한 보호 역시 필요하다. 또한 사회가 주도하는 방식에 따르지 않는 개성의 발전도 억누르며, 가능하다면 그것의 형성 자체를 방해하여 모든 개인들을 사회 자체의 모형에 적응시키려 강요하는 경향에 대한 보호도 필요하다. 집단적인 의견이 개인적인 독립성에 정당하게 간섭하는 데에는 한계가 있다. 그러한 한계를 찾아내고 침해하지 못하도록 유지하는 것은 전제정치에 대한 보호와 마찬가지로 바람직한 인간 생활의 조건에 반드시 필요한 것이다.

그러나 이러한 제안이 일반적인 조건에서는 이론의 여지가 없을 것으로 보이지만, 그 한계를 어디에 설정할 것인가 – 개인적인 독립성과 사회적 통제 사이를 어떻게 적절히 조정할 것인가 – 와 같은 실질적인 문제는 거의 대부분 해결되지 않은 상태로 남아 있다. 이러한 문제는 어떤 사람일지라도 직면하게 될 중요한 것으로, 전적으로 다른 사람들의 행위를 억제하는 사회적 통제력에 달려 있다.

그러므로 일부 행위에 대한 규범은 우선적으로 법에 의해 부과되어야만 하며, 법 적용의 대상으로 적합하지 않은 많은 것들에 대해서는 여론에 의해 부과되어야만 한다. 이러한 규범들이 어떤 것이어야만 하는가? 이것이 인간 생활의 중요한 문제이다. 그러나 몇 가지 명백한 사례들을 제외하면, 이것이야말로 해결책이 거의 제시되지 못한 문제들 중의 한 가지인 것이다.

두 시대 사이에서 또는 두 개의 서로 다른 국가에서 이 문제에 대해 동일한 결정을 내린 적은 한 번도 없었다. 한 시대나 어떤 국가의 결정은 다른 시대로 넘어갔을 때 또는 다른 국가의 입장에서는 이상한 일일 뿐이었다. 하지만 특정한 어떤 시대나 국가에 사는 사람들은 마치 인류가 이 문제에 대해 언제나 똑같은 의견을 가지고 있었던 것처럼, 그것을 결정하는데 어려움이 있었을 것이라는 생각은 전혀 하지 않는다. 자신들 사이에서 통용되고 있는 규범들이 자신들에게는 너무 자명하고 정당성을 갖춘 것으로 보이는 것이다. 이것은 보편적인 착각일 뿐이며, 관습의 마술적인 영향력을 보여주는 여러 가지 예들 중의 한 가지이다.

속담에 있듯이 관습은 제2의 천성일 뿐만 아니라 지속적으로 제1의 천성으로 잘못 받아들여지게 된다. 인류가 서로에게 행위 규범을 강제함으로써 생기는 불안을 막아주는데 있어 관습은 가장 완벽하게 효력을 발휘한다. 왜냐하면 이 관습이라는 문제는 일반적으로 다른 사람들이나 자기 자신에게 그렇게 따르는 이유를 설명해야만 할 필요가 없는 것이라고 생각하기 때문이다. 사람들은 이러한 성질의 주제들에 대해, 자신들의 감성이 이성보다 뛰어나다고 생각하는 일부 철학자인 척하는 사람들의 신념에 의해 관습에 익숙해지고, 더욱 관습에 길들여지는 것이다.

인간의 행동 규제에 대한 의견을 형성하는 실질적인 원리는, 모든 사람들이 자신이나 자신과 공감하는 사람들이 남들에게 기대하는 대로 행동해야만 한다고 각자가 마음속으로 느끼는 것들이다. 자신의 판단 기준이 실제로는 자신이 좋아하는 것일 뿐이라는 사실을 인정하는 사람은 아무도 없다. 그러나 이성적으로 이해되지 않는 어떤 행위의 타당성에 대해 묻는다면 그것은 오로지 그 사람이 좋아하는 행동으로 간주될 수밖에 없다. 또한 어떤 이유들이 제시된다 해도 다른 사람들이 느끼고 있는 비슷한 선호에 대한 단순한 동조일 뿐이라면 여전히 한 사람이 아닌 여러 사람들이 좋아하는 행동일 뿐인 것이다.

하지만 보통의 사람들에게는 자신이 선호하는 행위는 자신의 종교 교리에 명확하게 표현되어 있지는 않아도, 자신이 갖고 있는 전반적인 도덕, 취향 혹은 예의범절에 관한 생각들에 대한 유일한 이유일 뿐만 아니라, 충분히 만족스러운 이유가 되기도 한다. 심지어 종교적 교리를 해석하는데 있어서도 중요한 지침이 되기도 한다.

따라서 칭찬 혹은 비난을 받을 만한 일들에 관한 사람들의 견해는 타인의 행위에 대한 그들의 기대를 좌우하는 다채로운 원인들에 의해 영향을 받는다. 그처럼 다양한 원인들은 그 밖의 다른 문제에 대한 그들의 바람을 결정짓는 원인들만큼이나 많다. 때로는 그들의 이성이, 때로는 그들의 편견이거나 미신이 원인이 되며, 주로 그들의 사회적 애착이, 그리고 드물지 않게는 시기 혹은 질투, 교만과 경멸과 같은 반사회적인 감정이 원인이 되기도 한다. 하지만 가장 일반적으로는 자기 자신들을 위한 즉, 정당하거나 부당한 자신들의 사리사욕을 위한 욕망 혹은 공포가 원인이 된다.

지배계급이 있는 곳이라면 어디에서나 그 나라 도덕체계의 많은 부분이 그 계급의 이익과 우월감에서 비롯된다. 스파르타의 시민과 노예, 농장주와 흑인 노예, 봉건 군주와 신민, 귀족과 평민, 남성과 여성 사이의 도덕은 대부분 이러한 계급의 이익과 감정에서 만들어진 것이다. 그리고 이렇게 조성된 정서가 이번에는 지배계급 구성원들 간의 관계에서도 그들이 갖게 되는 도덕 감정에 작용하게 된다. 반면에 전에는 지배적이었지만 그 지배력을 상실했거나, 그 지배력에 대한 평판이 나빠졌다면 널리 퍼져 있던 도덕 감정은 종종 우월성에 대한 참을 수 없는 혐오감으로 나타나게 된다.

행위와 관용에 있어 법이나 여론에 의해 강화되어 온 행위 규범을 결정짓는 또 다른 대원칙은 자신들이 따르는 세속적인 군주 혹은 신들이 가지고 있다고 생각되는 편애와 혐오로부터 구원 받으려는 인류의 노예근성이었다. 이 노예근성은 비록 본질적으로는 이기적인 것이지만 위선은 아니다. 이것은 완벽하게 순종적인 혐오감을 불러일으켜 사람들로 하여금 마법사와 이단자를 화형에 처하도록 만들었다.

그러나 수많은 천박한 영향력들이 미치는 가운데, 일반적이고 명백한 사회적 요구들이 도덕적 감정들을 형성하는 커다란, 하나의 축으로써 이끄는 역할을 했다. 그러나 그것은 이성이거나 사회적 요구 자체에서 비롯된 것이라기보다 오히려 천박한 영향력으로 인해 생겨난 동정심과 반감의 결과였다. 그러므로 사회적 요구와는 거의 혹은 아무런 관련이 없는 동정심과 반감도 도덕체계의 확립에 매우 커다란 영향력을 끼치는 것으로 여겨졌다.

관습과 종교에서 비롯되는 오류

그러므로 사회 전체 혹은 일부 유력한 계층의 선호와 혐오는 법이나 여론의 제재 하에서 준수해야 하는 보편적인 규범들을 실질적으로 결정짓는 중요한 요소이다. 그리고 일반적으로 사상과 감정 면에서 사회를 이끌어가는 사람들은 비록 일부 세부적인 문제들에서 갈등을 겪게 된다 해도 원칙적으로는 이러한 상태를 견고하게 유지한다. 그들은 사회의 선호와 혐오가 개인들에게 적용되는 법이 되어야만 하는가를 따져보지 않고 오히려 사회가 선호하고 혐오해야만 할 대상이 무엇인가를 탐구하는데 몰두해 왔다. 그들은 이교도(또는 생각이 다른 사람)들과 더불어 자유 수호라는 보편적인 주장을 펼치기보다 그들 스스로 이단적인 견해를 가지고 있던 특정한 문제들에 대한 인류의 감정을 바꾸려는 데 더 많은 노력을 기울였다.

여기저기 따로 떨어져 있는 개인이 아닌 집단의 상위 계층이 원칙을 고수하고 일관되게 유지했던 유일한 경우가 있다면 그것은 종교적 믿음이다. 이것은 여러 가지 면에서 교훈적인 경우인데, 특히 그 중에서도 이른바 도덕 감각에서 가장 뚜렷한 오류를 보여주는 예라는 점이다.

편협한 신앙을 가진 사람들이 보여주는 신학적인 이견에 따른 증오는 가장 명백한 도덕 감각을 보여주는 예들 중의 한 가지이기 때문이다. 스스로 보편적 교회라 부르던 종교 집단의 속박을 처음으로 깨부쉈던 사람들조차 일반적으로 그 교회와 마찬가지로 다양한 종교적 견해를 인정하지 않으려 했다.(역자 주 : 16~17세기에 걸쳐 로마 가톨릭 교회를 비판하며 일어난 종교개혁 운동을 가리킨다. 이후 유럽 곳곳에서 신교[프로테스탄트]의 교리를 확립하게 되지만, 신교 역시 여러 종파로 나누어진다.)

그러나 격렬한 분쟁이 끝났을 때, 어느 편도 완벽한 승리를 거두지 못했으며, 각 교회와 종파는 이미 확보하고 있던 기반을 지키는 것으로 자신들의 기대치를 축소하게 되었다. 다수파가 될 가능성이 전혀 없다는 것을 알게 된 소수파들은 자신들이 개종시킬 수 없었던 상대방들을 향해 다양성을 인정해달라고 호소해야 할 지경에 몰리게 되었다. 그로 인해 이 전쟁터에서는 거의 유일하게 사회에 대한 개인의 권리가 광범위한 원칙의 차원에서 주장되었으며, 의견을 달리하는 사람들에 대해 권한을 행사하려는 사회의 주장이 공공연한 논박의 대상이 되었다.

현재 이 세상이 누리고 있는 종교적 자유에 커다란 역할을 했던 위대한 저술가들은 대부분 양심의 자유는 신성불가침의 권리라고 주장했으며, 한 인간이 자신의 종교적 믿음에 대해 타인들에게 설명해야 한다는 것을 단호히 거부했다. 하지만 인간들이란 자신들이 진정으로 소중하게 여기는 일에 대해서만큼은 관용을 베풀지 않는 것이 너무나 자연스러운 일이어서, 신학적 논쟁으로 인해 평화로운 상태가 깨지는 것을 싫어하는 종교적 무관심이 널리 퍼져 있는 곳을 제외하고는 종교의 자유가 실질적으로 실현되는 곳은 거의 없다. 가장 관용적인 국가에서조차 거의 모든 종교인들은 관용의 의무를 암묵적으로 제한하며 받아들인다. 교회 행정과 관련된 문제들에 대해서는 이견을 받아들이지만, 교리만큼은 이견을 용납하지 않는다. 모든 사람들을 받아들이지만 교황 절대주의자나 유니테리언(역자 주 : 예수의 신성과 삼위일체를 부인하고 오직 하나님 한 분만 신이라는 유일신론을 주장하는 교파. 유럽에서 영국으로 건너가 비국교도 사이에 상당히 영향력을 끼쳤다.)만큼은 인정하지 않는 사람이 있으며, 계시종교를 믿는 사람들이라면 모두 받아들이는 사람도 있다. 자비를 좀 더 널리 베풀고는 있지만 신이나 내세에 대한 믿음이 다르다면 자비를 거두어들이는 사람들도 있다. 사회 주류의 정서가 줄곧 진지하고 열성적인 곳이라면 어디나 사회에 순종해야 한다는 요구를 누그러뜨리지 않고 있다는 것을 알 수 있다.

정치 역사의 특수한 환경으로 인해 영국에서는 비록 대부분의 다른 유럽 국가들에 비해 여론의 구속력이 강하지만 법의 구속력은 상대적으로 약해서 개인의 행동에 대한 입법이나 행정 권력의 직접적인 간섭에 대해 강하게 경계한다. 이것은 개인의 독립성에 대한 정당한 존중에서 비롯된 것이라기보다 정부는 대중과 상반되는 이익을 대표한다고 보는 관성이 여전히 존재하고 있기 때문이다. 많은 사람들이 아직 정부의 권력을 자신의 권력으로 혹은 정부의 견해를 자신의 견해로 인식하는데 익숙하지 않다. 사람들이 그런 인식을 갖게 된다면, 이미 대중 여론이 그렇듯이 개인의 자유는 아마 정부로부터 많은 침해를 받게 될 것이다. 그러나 아직은 지금까지 법에 의해 통제받는데 익숙하지 못한 개인적인 일들을 법으로 통제하려는 시도에 대해서는 즉시 저항하려는 감정이 상당히 많이 남아 있다.

그리고 법적 통제가 정당한 범주 내에서 이루어지는가의 여부는 전혀 구분하지 않는다. 따라서 이러한 감정은 대체로 매우 건전한 것이지만, 특정한 사안에 적용됨에 있어 합당한 경우만큼이나 잘못된 경우 역시 많다. 사실 정부의 간섭이 정당한 것인가를 관례적으로 판단해줄 공인된 원칙도 전혀 없다. 사람들은 자신들의 개인적인 선호에 따라 결정하는 것이다. 실천되어야 할 선행이나 개선되어야 할 악행을 발견하게 될 때마다 기꺼이 정부가 그 일을 수행해야 한다고 촉구하는 사람들도 있다. 반면에 인간의 이해관계를 정부의 통제 하에 놓아두기보다 거의 모든 사회악을 견디는 것이 낫다고 생각하는 사람들도 있다. 그리고 사람들은 특정한 사안에 있어 이러한 감정이 이끄는 데에 따라 두 가지 입장 중의 한 가지를 취하게 된다.

때로는 정부가 해야만 한다고 제안된 특정한 사안에서 자신들이 느끼는 이익의 정도에 따라, 때로는 정부가 자신들이 선호하는 방식으로 그 일을 하거나 하지 않을 것이라는 평소의 신념에 따라 자신의 입장을 취하지만, 정부가 맡아 하기에 적합한 일들이 어떤 것인지에 대한 일관된 입장이 반영된 의견에 따라 결정하는 경우는 거의 없다. 규범이나 원칙이 없으므로 그 결과로써 그때그때 입장에 따라 옳고 그름을 달리 판단하게 되는 것이다. 그로 인해 정부의 간섭은 부적절하게 요청되기도 하고 비판받기도 한다.

사회적 통제에 적용되어야 할 원칙

이 에세이의 목적은, 형사적 처벌의 형태로 가해지는 물리적 제재이거나 여론에 의한 도덕적 강요이거나, 강제와 통제로 개인을 억압하려는 사회적 조치에 엄격히 적용되어야 할 대단히 단순한 한 가지 원칙을 주장하려는 것이다. 그 원칙은 인류가 개인적으로나 집단적으로 어떤 구성원의 행동의 자유에 간섭하는데 있어 정당화될 수 있는 유일한 근거는 바로 자기 방어라는 것이다. 권력이 문명사회의 구성원에게 본인의 의사에 반해 정당하게 제재를 가할 수 있는 유일한 목적은 타인에게 해악을 끼치지 못하도록 막는 것이어야 한다.

물리적으로든 도덕적으로든, 어떤 사람의 행복을 위한 간섭이라 할지라도 정당화되기에는 충분치 않다. 그 사람에게 더 이익이 될 것이고, 더 행복하게 만들어줄 것이기 때문에, 여러 사람의 의견에 의하면 더 현명하거나 심지어는 더 정당한 일이기 때문에 일정하게 행동하거나 참아야만 한다고 강요하는 것은 정당화될 수 없다.

이러한 것들은 그 사람에게 충고하거나, 함께 생각해 보거나, 설득 혹은 간청하기 위한 좋은 이유가 될 수는 있겠지만 그 사람이 다르게 행동했을 때 강요거나, 해를 끼치기 위한 이유는 될 수 없다. 그러한 간섭을 정당화하기 위해서는 제지당해야 하는 그의 행위가 누군가에게 해를 끼치게 될 것이라고 예측되어야만 한다. 개인의 행위 중에서 사회에 순응해야 할 것은 타인과 관련되어 있는 부분이 유일하다. 단순히 자기 자신에게만 연관된 부분에서 그의 독립성은 당연히 절대적인 것이다. 각 개인은 자기 자신 즉, 자신의 육체와 정신을 관리하는 주권자이다.

이 주장이 오직 성숙한 능력을 갖춘 성인들에게만 적용된다는 것을 새삼 말할 필요는 없을 것이다. 우리는 어린이들이나 법에서 정한 성년에 이르지 못한 젊은 사람들을 대상으로 말하고 있는 것이 아니다. 여전히 다른 사람들의 보호가 필요한 상태에 있는 사람들은 외적인 침해와 마찬가지로 그들 자신의 행동들에 대해서도 보호를 받아야만 한다. 이와 동일한 이유로 민족 자체가 미성숙하다고 여겨질 정도로 문화적으로 뒤처진 사회에 살고 있는 사람들도 제외될 수 있을 것이다.

자연스럽게 진보의 단계로 진입한 사회는 초기에 어려움이 너무 크기 때문에 그것을 극복하기 위해 선택할 수단들은 그리 많지 않다. 따라서 사회를 발전시키겠다는 의욕으로 충만한 통치자는 그러한 목적에 도달하게 할 수단들을 마음껏 활용할 수 있었다. 그렇게 하지 않았다면 목적에 도달하지 못했을지도 모른다. 만약 미개한 상태를 개선하는 것이 최종 목표라면, 독재는 미개한 사람들을 다루는 정당한 통치 방법이며, 그 목표의 실제적인 성취를 통해 정당성을 확보할 수 있는 수단이다.

인류가 자유롭고 평등한 토론에 의해 발전할 수 있는 역량을 갖추지 못한 상태에서는 자유의 원칙이 적용될 수가 없다. 그렇게 되기 전까지는, 악바르나 샤를마뉴와 같은 사람이 다행히 눈에 띄면 그들에게 절대적으로 복종하는 길밖에 없다.

그러나 인류가 신념이거나 설득에 의해 자신들의 발전을 스스로 이끌어나갈 능력을 갖추게 된다면(여기에서 관심을 가질 필요가 있는 나라들은 모두 오래 전에 이 단계를 지났다), 직접적이거나 불복종에 대한 처벌과 고통의 형식으로도, 강제는 더 이상 그들에게 이익이 되는 수단으로서 용납될 수 없으며, 오직 타인의 안전을 위한 경우에만 정당화될 수 있다.

지금까지 나는 공리公利(역자 주 : 벤담Bentham[1748~1832]의 공리주의를 가리킨다. 19세기 중반 영국에서 나타난 사상으로, 사회 전체가 행복하지 않으면 개인의 행복을 기대할 수 없기 때문에 '최대 다수의 최대 행복'을 추구하는 것을 목적으로 한다. 그러나 사회와 개인의 행복이 충돌했을 때, 사회적 공리를 실현하기 위해 법이 개인의 행위를 규제하고 지도해야 한다고 본다. 여기에서 밀은 공리의 궁극적 목적을 위해 개인의 행동과 자유는 어떻게 보장되어야 하는지를 논하고자 한다. 벤담은 법적 제재를 중시했으나, 밀은 도덕적 양심과 같은 인류애를 강조한다.)와는 무관하게 정의라는 추상적 개념으로부터 나의 논점을 유리하게 이끌 수 있는 것을 전혀 활용하지 않았음을 밝혀두고자 한다. 나는 공리야말로 모든 윤리적 문제들이 궁극적으로 지향하는 것이라고 생각한다. 그러나 진보적인 존재인 인간의 항구적인 이익에 기초한 가장 넓은 의미의 공리여야 한다. 나는 그러한 이익에 있어 각 개인의 행동이 다른 사람들의 이익과 관련된 경우에만, 개인의 자율성이 외부의 통제에 구속되는 것이 정당화될 수 있다고 주장한다.

만약 누군가가 다른 사람들에게 해로운 행위를 한다면 당연히 법에 따라 처벌을 받아야 하며, 법적인 처벌이 적용될 수 없다면 여론의 비난을 받는 것이 마땅하다. 또한 다른 사람들의 이익을 위해 개인이 당연하게 수행해야 할 적극적인 행동들도 많이 있다. 예를 들자면, 법정에서의 증언이나 공동 방위 혹은 자신을 보호해주는 그 사회의 이익에 필요한 공동 작업에서 자신에게 주어진 몫을 책임져야 한다. 그리고 동료의 생명을 구하거나 방어 능력이 없는 사람을 학대로부터 보호하기 위해 개입하는 등과 같은 개인적인 선행들을 수행해야 한다.

당연히 감당해야 할 의무가 있을 때, 그것을 수행하지 않는다면 사회는 정당하게 그 책임을 지도록 만들 수 있다. 한 개인은 자신의 행위뿐만 아니라 행위를 하지 않는 것으로도 다른 사람들에게 해악을 끼칠 수 있으며, 그러한 해악에 대해서는 어떤 경우에도 당연히 책임을 져야 한다. 강제력의 행사에 있어, 후자의 경우 전자보다 훨씬 더 신중해야 한다는 것은 옳다. 다른 사람에게 해악을 끼친 사람은 누구나 책임을 지도록 하는 것이 당연하다. 해악을 막지 않은 사람에게 책임을 지도록 하는 것은 상대적으로 예외적인 일이다. 하지만 그런 예외를 정당화하기에 충분히 명확하고도 심각한 경우는 많이 있다.

한 개인의 외부적인 관계와 관한 모든 일에 있어, 이해관계가 있는 모든 사람들에게 그리고 필요하다면 그들을 보호하는 사회에 대해서도 법에 따른 책임을 져야 한다. 종종 책임을 부과하지 않아야 할 충분한 이유들이 있는 경우도 있지만, 그러한 이유들은 그 경우가 갖는 특별한 형편에 따라 달라져야 한다.

즉, 사회가 권력을 통해 어떤 식으로든 통제하는 것보다 그 자신만의 판단에 맡겨두었을 때 전반적으로 훨씬 더 나은 행동을 하게 되는 경우이거나, 통제를 시도했을 때 막을 수 있는 것보다 더 심각한 또 다른 해악을 만들어내게 되는 경우가 그런 이유가 될 수 있을 것이다. 이러한 이유들로 인해 책임에서 벗어나게 되었다면, 법적인 판단의 공백을 행위자 자신의 양심으로 채워줌으로써 외부로부터 보호를 받지 못하는 다른 사람들의 이익을 보호해야 한다. 이 경우에도 이웃들의 판단에 책임지지 않아도 되는 것은 아니기 때문에, 자기 자신에 대해 더욱 엄격한 기준을 적용해야 한다.

극히 개인적인 자유에 대한 개념

그러나 사회라는 것은 오로지 간접적인 이해관계만 존재하는 행위의 영역일 뿐이다. 개인과는 뚜렷하게 구별되는 영역이다. 즉, 오직 자신에게만 영향을 끼치는 한 개인의 삶과 행위 전체 혹시 다른 사람들에게 영향을 끼친다 해도 그들의 자유롭고 자발적이며 속임수가 개입되지 않은 동의와 참여로 이루어진 모든 부분은 개인의 영역이다. '오직 자신에게만'이라는 표현은 '직접적이고 일차적인 것'을 의미한다. 자신에게 영향을 끼치는 것은 무엇이든 그 자신을 통해 타인에게 영향을 끼칠 수도 있기 때문이다. 이러한 우연성에 근거한 비판에 대해서는 나중에 다루게 될 것이다.

어찌되었든, 이것이 인간 자유의 고유한 영역이다. 그것은 다음과 같은 것을 포함한다.

첫째, 자유는 의식의 내면적인 영역을 포함한다. 가장 포괄적인 의미에서 양심의 자유를 포함하며, 사상과 감정의 자유 즉, 실천적이거나 사색적, 과학적, 도덕적 또는 신학적 자유 등 모든 주제에 대한 의견과 감정의 절대적인 자유를 포함한다. 다른 사람들과 관계되는 개인의 행동에 속하기 때문에 자신의 견해를 발표하고 출판하는 자유는 다른 원칙에 속하는 것처럼 보일 수도 있다. 그러나 이것은 사상 자체의 자유만큼이나 매우 중요하며, 상당 부분이 동일한 이유에 근거하고 있으므로 실질적으로는 분리될 수 없다.

둘째, 이 원칙에서는 취향과 목적 추구의 자유를 요구한다. 어떤 결과가 따르게 될지라도, 자신의 성격에 맞추어 인생 계획을 설계하고, 자신의 뜻대로 행동할 자유가 필요하다. 즉, 비록 바보스럽고, 고집스럽거나 잘못된 행동처럼 보이게 될지라도, 다른 사람들에게 해를 끼치지 않는 한, 그들로부터 방해받지 않을 자유가 필요한 것이다.

셋째, 동일한 한계 내에서, 각 개인이 갖는 이러한 자유로부터 개인 간의 결사의 자유가 도출된다. 성인으로서 강제로 혹은 속임수에 의한 경우가 아니며, 다른 사람들을 해치려는 어떤 목적도 없다면 연합할 수 있는 자유이다.

정부의 형태와 상관없이 이러한 자유가 완전하게 존중되지 않는 사회는 자유롭지 못하다. 이런 자유를 절대적이고 무조건적으로 누릴 수 없는 곳에서는 완벽히 자유로운 사람은 아무도 없다. '자유'라는 이름에 어울리는 유일한 자유는 다른 사람들이 누리는 행복을 빼앗으려 하거나, 행복을 성취하려는 그들의 노력을 방해하지 않는 한, 자신만의 고유한 방법으로 자신의 행복을 추구할 수 있는 자유이다. 각 개인은 당연히 자신의 육체적, 정신적 그리고 영적인 건강을 지키는 보호자이다. 인류는 자신이 좋다고 생각하는 것을 남들에게 강요하는 것보다, 각자가 선호하는 방식으로 살기 위한 노력을 통해 더 큰 이익을 누려왔다.

비록 이 이론이 전혀 새로운 것이 아니어서, 진부하다고 생각하는 사람이 있을 수는 있지만, 현재의 여론과 관행의 일반적인 경향에 대해 이것만큼 직접적으로 대립되는 원리는 없을 것이다. 사회는 (그 사회의 판단에 따라) 지속적으로 그 구성원들에게 그 사회가 설정한 개인적, 사회적 미덕에 순응하도록 강제하려는 노력을 펼쳐왔다. 고대 국가의 통치자들은 스스로 그렇게 할 자격이 있다고 생각했으며, 고대 철학자들은 모든 사적인 행위를 공적인 권위를 통해 규정하는 것을 장려했다. 국가는 모든 시민들의 육체적, 정신적 규율에 깊은 관심을 가져야 한다는 것이 그 근거였다. 이런 유형의 생각은 강력한 적들에게 둘러싸여 있어, 외부의 공격이나 내부의 소요에 의해 언제든 전복될 수 있는 위험에 처해 있으며, 잠시라도 긴장이 풀어지거나 자제력을 잃게 되면 쉽사리 파멸할 수 있기 때문에 자유가 주는 지속적이며 유익한 효과를 기대할 여유조차 없는 작은 나라에서나 용납될 수 있는 것이었다.

현시대에는 정치 공동체의 규모가 더욱 커졌으며, 무엇보다 종교적 권위와 세속적 권위의 분리로 인해(인간의 양심은 세속적인 일을 관리하는 사람들이 아닌 다른 사람들이 이끌게 되었다) 개인의 사적인 생활에 대한 법의 간섭이 크게 제한되고 있다. 그러나 지배적인 여론에서 벗어난 이기적인 견해에 대한 도덕적인 억압은 사회와 관계된 것보다 더욱 더 강력하게 행사되었다. 도덕 감정의 형성에 관여하는 요소들 중에서도 가장 강력한 종교는 언제나 인간 행동의 모든 부분을 통제하려는 성직자의 열망이나 청교도 정신에 의해 지배되어 왔다.

과거의 종교에 가장 강력하게 반발해왔던 현대의 일부 종교 개혁자들도 기성 교회나 종파들에 못지않게 인간의 영혼에 대한 지배권을 주장했다. 특히 오거스트 콩트(역자 주 : 콩트Auguste Comte

1798~1857. 프랑스의 철학자이며, 사회학자이다. 밀은 콩트와 편지를 교환하며 실증주의 사상의 체계화를 위해 노력했으며, 재정적으로도 그를 후원했다. 그러나 훗날 두 사람의 사상은 서로 다른 길을 걷게 되는데, 콩트가 과거 가톨릭이 소유했던 정신적 지배권을 철학자들 계급에게 주어야 한다고 생각했기 때문이다.)가 자신의 저서 《실증적 정치 체계》에서 펼쳐 보인 사회 체계는 고대 철학자들 중에서도 가장 엄격한 규율파의 정치적 이상에서 제시된 그 어떤 것보다 (비록 법적인 수단보다 도덕적인 수단이었지만) 더 엄격하게 개인에 대한 사회의 전제를 확립하는 것이었다.

이러한 개별적인 사상가들이 펼치는 독특한 주장들과는 별개로, 여론의 영향력과 심지어는 법률 제정을 통해 개인에 대한 사회의 권력을 부당하게 확장하려는 경향 또한 세계적으로 널리 퍼지고 있다. 그리고 세계에서 펼쳐지고 있는 이 모든 변화의 흐름이 사회의 힘을 강화하고 개인의 힘을 약화시키게 되면서, 이러한 침해는 자연스럽게 사라지는 것이 아니라 오히려 더욱 더 감당할 수 없을 정도로 커져가는 해악들 중의 한 가지가 되었다.

통치자이건 동료 시민이건 자신들의 의견과 선호를 하나의 규칙으로써 다른 사람들의 행위에 강요하려는 인류의 성향은, 인간의 본성에 자리 잡게 된 최선과 최악에 대한 일부 감정에 의해 강력하게 뒷받침되고 있기 때문에 권력을 약화시키는 것 외에는 자제시킬 수 있는 방법이 없다. 그리고 이러한 해악에 맞설 도덕적 확신으로 강력한 방어막을 구축하지 않는다면 권력은 줄어들지 않고 줄곧 커져갈 것이므로, 우리는 세계의 현재 상황에서 권력이 더 증가하게 될 것임을 예측할 수밖에 없다. 만약 여기에서 주장하고 있는 전반적인 원리를 다루는 대신, 비록 전폭적이지는 않지만 일정 정도 현재 여론의 인정을 받고 있는 한 가지 분야로 한정한다면 논의를 펼쳐나가기에 수월할 것이다.

그 한 가지 분야가 바로 사상의 자유이다. 사상의 자유와 동일한 성질을 지닌 언론과 출판의 자유는 따로 떼어놓을 수 없다. 비록 이러한 자유들이 상당한 정도로 종교적 관용과 자유로운 제도를 표방하는 모든 국가들의 정치적 도덕성의 일부분을 형성하고 있지만, 일반 대중에게는 이러한 자유들이 기초로 삼고 있는 철학적, 실천적 근거들이 그리 익숙하지 않을 것이다. 또한 기대하고 있는 것과는 달리, 여론을 주도하는 많은 사람들조차 완벽하게 이해하지 못하고 있다.

이러한 근거들이 올바르게 이해되기만 한다면, 이 주제의 어느 한 부분보다 훨씬 더 넓게 적용될 수 있을 것이다. 그리고 문제의 이 부분에 대한 철저한 고찰은 나머지 부분을 이해하는데 있어 가장 훌륭한 길잡이가 될 것이다. 이제부터 말하고자 하는 것이 전혀 새롭다고 생각하지 않는 사람들에게는, 지금까지 3백년에 걸쳐 줄곧 논의되었던 주제에 내가 또 하나의 논의를 덧붙이는 것에 대해 너그러이 용서해주기를 바랄 뿐이다.

제 2 장

사상과 언론의 자유

Of The Liberty Of Thought And Discussion

자유를 억누르는 강제력은 정당하지 않다

부패하거나 폭압적인 정부에 맞설 안전장치들 중의 한 가지로서 '출판의 자유'를 지켜야 할 필요가 있는 시대는 이미 지나갔을 것으로 기대한다. 이제는 국민의 이해관계와 일치하지 않는 입법부나 행정부가 국민들에게 자신들의 의견을 강요하거나, 일정한 학설이나 주장이라면 허용할 수도 있다고 결정하는 것에 반박하는 논쟁도 전혀 필요 없을 것이라고 생각한다. 게다가 이러한 문제에 대한 견해는 그동안 저술가들이 매우 빈번하게 그리고 대단히 성공적으로 강조해 왔기 때문에 여기에서 특별히 주장을 펼칠 필요는 없을 것이다.

비록 영국의 법률이 오늘날까지도 출판의 자유라는 문제에 있어 튜더왕조(역자 주 : 1485년 헨리 7세~1603년 엘리자베스 여왕까지의 절대왕정 시기) 시대만큼이나 졸렬한 것이기는 하지만, 정치적 토론을 억압하기 위해 이 법률이 강제될 실질적인 위험은, 각료나 재판관들이 폭동의 두려움에 싸여 제정신을 망각해버리게 되는 일시적 공황의 시기 외에는 없다. ^{저자주} 1 그리고 일반적으로 말해, 국민을 완전히 책임을 지는 정부이든 아니든 간에, 입헌국가에서는 정부 스스로가 모든 국민의 언로를 막으려는 기관이 되려 하는 경우를 제외하고는 의견의 발표를 빈번히 통제하려 할 것이라는 염려도 없다.

그러므로 정부와 국민은 완전한 하나이며, 국민에 의한 동의가 없는 한 어떤 강제력도 행사하려 하지 않는다는 경우를 상정해 보기로 하자. 하지만 나는 국민 자신들이나 정부에 의해서도 그러한 강제력을 실행할 권리가 있다는 것에는 반대한다. 그러한 권한 자체가 불법이다. 최선의 정부일지라도 최악의 정부와 마찬가지로 그러한 권한을 행사할 자격은 없다. 여론에 따라 그와 같은 권한이 행사되는 것도 해롭지만, 오히려 여론에 거슬러 행사되는 것보다 더 해롭다.

가령 한 사람만을 제외한 모든 인류가 같은 의견을 갖고 있으며, 그 한 사람만이 반대의견을 갖고 있다 해서 인류가 그 사람을 침묵케 하는 것은 정당화될 수 없다. 이것은 그 한 사람이 권력을 가지고 있어서 인류를 침묵케 하는 것이 정당화될 수 없는 것과 같다.

어떤 의견이 그 의견을 가진 사람 외에는 아무런 가치도 없는 개인적인 것이어서, 만약 그 의견에 대한 억압이 단순히 개인적인 손해일 뿐이라 해도, 그 손해가 소수에게만 가해진 것인지 아니면 다수에게 가해진 것인지에 따라 차이가 있다. 그러나 어떤 의견 표명을 억누르는 데에서 발생하는 특유한 해악은, 현세대뿐만 아니라 후대의 사람들로부터, 또 그 의견을 지지하는 사람들은 물론이고 반대하는 사람들로부터 인간적인 특성을 강탈해간다는 점에 있다. 만약 그 의견이 옳은 것이라면, 잘못을 버리고 진실을 취할 수 있는 기회를 박탈당하게 되는 것이며, 그 의견이 틀린 것이라면, 진실과의 충돌을 통해 얻게 되는 한층 더 명료하고 생생한 인식이라는 중요한 혜택을 잃어버리게 되는 것이다.

오류가 없는 판단은 있을 수 없다

이 두 가지 가설은 논의할 수 있는 영역이 서로 다르므로 별개로 살펴볼 필요가 있다. 우리는 부정하려는 어떤 의견이 잘못된 것이라고 단정적으로 확신할 수는 없다. 그리고 확신한다 해도 그것을 억누르는 것은 여전히 해악이다.

첫째, 권위를 앞세워 억압하려는 의견이 사실은 진리일 수도 있다. 물론 억압하려는 사람들은 이러한 사실을 부인할 것이다. 하지만 그들이 오류가 없는 완벽한 사람일 수는 없다. 그들이 전 인류를 대신해 어떤 문제를 결정해서는 안 되며, 다른 모든 사람들이 판단할 기회를 빼앗아서도 안 된다. 그들에게는 그럴 권한이 없다.

어떤 의견이 틀렸다는 판단 아래 듣지 않으려는 것은 자신들의 확신이 절대적이라고 가정하는 것과 같다. 의견을 침묵시키려는 것은 모두 무오류를 가정하고 있는 것이다. 이러한 상식적인 주장에 근거해 무오류에 대해 비판할 수 있을 것이며, 상식적인 것이 더 나쁜 것도 아니다.

불행하게도 인간의 분별력은 이론상으로는 자신의 판단이 틀릴 수도 있다는 가능성을 인정하면서도 실질적인 문제에 부딪치면 그 가능성을 심각하게 고려하지 않는다. 자신이 잘못 판단할 가능성이 있다는 걸 잘 알고 있지만 그것을 방지하기 위한 대비책이 필요하다고 생각하는 경우는 거의 없다. 아주 확실하다고 믿는 의견이 사실은 쉽게 범할 수 있는 오류의 한 가지 예가 될 수도 있다는 점을 쉽사리 인정하지 않는 것이다.

절대적인 힘을 가진 군주들이나 무조건적인 복종에 익숙해져 있는 사람들은 거의 모든 문제에 대해 자신의 생각이 옳다고 절대적으로 확신하려는 경향이 있다. 다행스럽게도 자기 의견에 대한 반론을 듣기도 하고, 자기 의견이 잘못되었다는 걸 알았을 때 바로잡기도 하는 사람들 역시 주변 사람들이나 자신이 관습적으로 존경하는 사람들이 공유하는 의견은 절대적으로 신뢰한다. 자신의 독자적인 판단에 대한 자신감이 부족할수록 대개는 '세계'의 무오류성에 대해 암묵적인 신뢰를 갖고 의지하기 때문이다.

보통 사람들에게 '세계'란 그들이 살면서 부딪치고 경험하는 것들, 즉 자기가 속한 정당, 종파, 교회, 사회 계급 등이 모여 구성된 것을 의미한다. 이에 비해 자유를 존중하며 개방적인 사람들에게 있어 '세계'는 국가나 시대와 같은 포괄적인 의미일 것이다.

이러한 집단적인 권위에 대한 이들의 신뢰는 다른 시대, 국가, 종파, 교회, 계급, 정당들이 자기들과 정반대로 생각해왔고 지금도 그렇게 생각하고 있다는 것을 알게 되어도 전혀 흔들리지 않는다. 이들은 자신들이 속해 있는 집단이 의견을 달리 하는 다른 세계 사람들의 생각을 바로잡아줄 책임이 있다고 생각한다. 수많은 '세계들' 가운데 '자신이 신뢰하는 세계'가 전적으로 우연에 의해 결정된다는 사실이 이들에겐 그리 큰 문제가 되지 않는다. 런던에서 태어났으므로 교회에 다니는 사람이 된 것이지, 베이징에서 태어났다면 불교나 유교를 믿는 사람이 되었으리라는 것이 이들에게는 중요한 문제가 아닌 것이다.

그러나 오류를 범할 가능성이라는 면에서는 시대 역시 개인들보다 더 나을 것이 없다. 그것은 수많은 논의가 증명해 줄 정도로 명백하다. 한 시대에 제기된 의견들 중에서 후대에 거짓 또는 불합리한 것으로 여겨지는 것들이 수없이 많다. 한때 일반적으로 받아들여지던 의견들이 지금은 거부되는 경우가 많은 것처럼, 지금 일반적으로 받아들여지는 의견이 미래의 어느 시점에서는 거부될 수도 있는 것이다.

이러한 주장에 대해서는 다음과 같은 반론이 제기될 수도 있다. 즉, 자신의 판단과 책임을 바탕으로, 공권력이 집행하는 일들 중에서 무엇보다 잘못된 생각이 퍼져나가는 것을 금지하려는 것은 스스로 오류가 없다는 강력한 전제가 없다면 할 수 없는 일이다. 사람은 누구나 판단을 하면서 살아간다. 그런데 잘못 판단할 가능성이 있다고 해서 판단이란 걸 아예 하지 말아야 한다고 주장할 수 있을까?

자신들이 유해하다고 판단하는 것을 금하려면 자신들은 오류를 범하지 않는다고 주장할 것이 아니라, 비록 오류의 가능성이 있지만 자기 양심이 확신하는 것에 따라 행동하여 자신의 의무를 이행해야 하는 것이다. 자기 의견이 틀릴지도 모르기 때문에 그에 따라 행동하는 걸 그만둔다면 우리는 자신의 이익을 지키지도 못하고, 자신의 의무도 이행하지 않은 채 내버려 두는 것이다.

모든 행위에 적용할 수 있는 비판이라 해도 어떤 행위에는 딱 들어맞지 않는 비판일 수도 있는 것이다. 따라서 정부든 개인이든 가능한 한 가장 진실하게 자기 의견을 만들어야 한다. 주의 깊게 판단해야 하고 그것이 옳다는 분명한 확신이 서지 않는다면 다른 사람에게 강요하지 말아야 한다. 그러나 정부든 개인이든 확신이 있으면서도(그렇게 주장할 만하면서도) 자신들의 의견을 머뭇거리며 실천하지 않는 것은 양심적이지 않을 뿐만 아니라 비겁하기까지 한 행동이다. 또한 현재뿐만 아니라 다가올 시대에도 인류 복지에 위험하다고 생각되는 주장들이 무차별적으로 확산될 것이다. 의식의 진보가 덜 이루어진 시대에는 현재 진실이라고 받아들여지는 의견들이 박해를 받아왔기 때문이다.

똑같은 실수를 반복하지 않도록 주의할 것이라고 말할 수도 있다. 그러나 많은 정부와 국가들이 권력 행사에 부적절한 일에서 실수를 저질러왔다. 그들은 부당하게 세금을 부과했으며, 정의롭지 않은 전쟁을 일으켰다. 그렇다고 해서 우리가 세금을 내지 말아야 할까? 그 어떤 도발이 있더라도 전쟁을 하지 말아야 할까?

사람이나 정부나 최대한 최선의 행동을 해야 한다. 절대적으로 확실한 건 없지만 인간으로서 살아가는 목적에 대해서는 충분한 확신을 가져야 한다. 우리는 우리 자신의 행동을 이끌기 위해 우리의 생각이 옳다고 가정할 수 있으며, 또 그렇게 해야 한다. 잘못되고 유해한 의견들을 퍼뜨려 사회를 망치려는 악인을 막을 때도 마찬가지이다.

열려 있는 의견이 필요하다

사실 이것이 지나치게 주제넘은 가정일 수도 있다는 것이 내 대답이다. 어떤 의견이 여러 차례 논쟁을 거친 후 더 이상 반박이 없으므로 진리라고 가정되는 것과, 반박을 허용하지 않기 위해 그것을 진리라고 가정하는 것 사이에는 엄청난 차이가 있다. 어떤 의견에 대해서든 철저하게 부정하고 논박할 수 있는 완전한 자유를 갖게 된다면, 우리의 의견이나 그에 따른 행동은 진리에 가까워질 수 있다. 그것이 우리의 생각이나 행동이 옳다는 것을 합리적으로 보증할 수 있는 조건이다. 다른 조건 하에서는 인간의 능력이 이성적으로 옳다는 것을 보장할 수 없다.

어떤 의견이나 일상적인 행동의 역사를 고려해 볼 때, 우리의 삶이 더 나빠지지 않은 이유는 무엇일까? 인간이 타고난 지적 능력 때문이 아닌 것만은 분명하다. 자명하지 않은 어떤 문제에 대해, 100명 중 99명에게는 그것을 제대로 판단할 수 있는 능력이 없기 때문이다. 그런 능력이 있다고 생각하는 나머지 1명도 사실 상대적으로 그렇다는 것이다. 그리고 지난 시대에 살았던 뛰어난 사람들 중 대부분은 오늘날 잘못이라고 판명된 의견을 옳다고 생각했으며, 오늘날에는 아무도 인정하지 않는 수많은 일들을 행동으로 옮겼거나 지지했기 때문이다.

그렇다면 전체적으로 볼 때, 사람들이 합리적으로 생각하고 행동할 수 있게 된 원인은 무엇일까? 만약 사람들이 정말로 그렇다면 – 인간의 삶이 절망적인 상태에 빠지지 않으려면 당연히 그래야 하겠지만 – 그것은 인간 정신이 지닌 일정한 특성 때문이다. 인간은 바로 이 특성으로 인해 지적이고 도덕적인 존재로서 존중받을 수 있다. 그것은 바로, 자신의 잘못을 정정할 수 있는 능력이다.

사람은 토론과 경험을 통해 자신의 잘못을 바로잡을 수 있다. 경험 하나만으로는 안 된다. 경험을 바르게 해석하려면 토론이 필요하다. 잘못된 생각과 행동은 사실과 논쟁에 굴복할 수밖에 없다. 그러나 사실과 논쟁이 인간의 정신에 어떤 영향을 끼치기 위해서는 먼저 그 정신 앞에 제시되어 판단되어야 한다. 사실이 가진 의미를 파악하기 위해 사람들이 논평하지 않는 한 사실 자체가 그 모습을 드러내는 일은 거의 없다. 인간의 판단이 갖는 모든 힘과 가치는 그 것이 틀렸을 때 바로잡을 수 있다는 인간 고유의 특성에 달려 있다. 인간이 자신의 판단을 바로 잡을 수 있는 수단을 늘 갖추고 있어야 만 그 판단은 신뢰를 확보할 수 있다.

어떤 사람의 판단을 정말로 믿을 만하다고 받아들일 경우, 어떻 게 그럴 수 있는 것일까? 그것은 자기 생각과 행동에 대해 다른 사 람들이 비판할 때 항상 마음을 열어놓고 받아들였기 때문이다. 자 신의 생각과 행동에 맞서는 모든 의견에 귀를 기울이고, 자신은 물 론 다른 사람들에게도 잘못된 의견이 왜 잘못된 것인지를 설명해 왔기 때문이다.

또한 어떤 주제에 대한 전모를 파악하기 위해서는 반드시 그 주 제를 둘러싼 상이한 모든 의견을 들어 보고, 다양한 정신적 특성을 가진 사람들이 그 문제를 바라보는 모든 방식을 연구해야 한다고 생각했기 때문이다. 현명한 사람이라면 누구나 오직 이 방법만으로 지혜를 얻는다. 인간 지성의 본질에서 볼 때 이것 이외의 다른 어떤 방법으로 지혜를 얻을 수는 없다. 다른 사람의 생각과 대조하면서 자기 생각을 수정하고 완성해가는 일을 의심하거나 망설이지 말아 야 한다. 오히려 그것을 확고한 습관으로 만들어야 한다. 이런 습관이 자신의 생각에 대해 정당한 믿음을 갖도록 해주는 견고한 근거가 된다.

또한 적어도 자신에게 반대하는 모든 의견은 분명하게 이해하고, 모든 반대자들에 대항해 자기의 입장을 만들어야 한다. 반대와 어려움들을 회피하기보다 오히려 찾아다니고, 그 주제에 대해 다양한 측면에서 비추는 빛을 차단하지 않는다. 그러므로 이런 과정을 거치지 않는 다른 어떤 사람이나 집단보다 자신의 판단이 더 옳다고 생각할 권리를 가질 수 있는 것이다.

세상에서 가장 현명하다는 사람들의 판단이 전적으로 신뢰할만한 최고의 것이라고 주장되기 위해서는 이른바 대중이라고 불리는 소수의 현명한 사람들과 다수의 어리석은 사람들로 이루어진 혼합 집단이 의지할만한 정당성을 갖추어야 한다고 요구하는 것은 결코 무리한 것이 아니다.

예를 들면 편협하기로 유명한 로마 가톨릭 교회조차 새로운 성자를 세우는 시성식에서는 '악마의 대변자'가 하는 말을 인정하고 참을성 있게 듣는다. 설령 그가 가장 성스러운 인간일지라도, 악마라면 그에 대해 온갖 나쁜 말을 할 수 있다. 그가 하는 모든 말을 다 들어보고 평가해보기 전에는 성인이라는 사후의 영예는 인정될 수 없는 것이다.

심지어 뉴턴의 물리학도 그것에 대한 의문 제기를 허용하지 않았다면, 인류는 오늘날처럼 그 진실성을 완전히 신뢰하지는 못했을 것이다. 우리가 가장 확실하다고 생각하는 믿음일수록 그것을 검증해달라고 온 세상에 요청해야 한다. 그런 과정을 겪지 않으면 그 믿음이 설 땅은 없어진다.

만약 검증 과정을 거치지 않거나, 거쳤다 해도 명확하게 검증되지 않았다면, 아직 그것을 확실히 믿을 수는 없다. 하지만 우리는 인간의 이성이 허용하는 한 최선을 다한 것이며, 진리에 이를 수 있는 모든 기회를 소홀히 다루지 않은 것이다.

검증의 기회가 열려 있는 한, 더욱 훌륭한 진리에 도달할 수 있다고 기대해도 좋다. 인간의 정신이 더 훌륭한 진리를 얻을 준비가 되었을 때, 그것을 찾을 수 있을 것이다. 그때가 오기 전이라면, 현재 수준에서 우리가 이를 수 있는 진리에 접근했다고 믿어도 좋다. 이 정도가 오류적인 인간이 얻을 수 있는 최선의 확실성이다. 이 방법 외에는 이 정도의 확실성도 얻을 수도 없다.

이상하게도 사람들은 자유로운 토론과 논쟁이 옳다고 인정하면서도, 그런 논의를 '극단으로 밀어붙이는 것'에는 반대한다. 그들은 논거가 극단의 사례에 합당하지 않다면 어떤 사례에도 합당하지 않다는 사실을 간과하고 있다.

충분히 의심할 만한 주제라면 무엇이든 자유롭게 토론해야 한다는 것을 인정한다면 분명 자신들의 무오류를 주장하는 것은 아니다. 그러나 어떤 특정한 원칙이나 주장이 너무나 확실한 진리이며, 자신들이 확신한다는 이유로 토론을 금지해야 한다고 생각하는 것은 대단히 이상한 일이다.

어떤 명제에 대해 토론을 허용하지 않았을 뿐이지, 토론하면 부정할 사람이 있는데도 불구하고 아예 차단해 놓고 그것이 확실하다고 주장한다면, 이는 그 주장에 동의하는 사람들만이 그 문제의 확실성을 판단해야 하며, 다른 의견은 들을 필요조차 없다고 가정해 버리는 것과 마찬가지이다.

진리와 무오류의 상관관계

'신앙은 사라지고 회의주의에 위협받고 있는'(역자 주 : 영국의 사상가, 칼라일Thomas Carlyle[1795~1881]이 한 말이다. 당시 칼라일은 아내, 누이동생 등과 함께 그리스도교를 반대하는 책을 써서 박해를 받았다. 따라서 밀은 언론의 자유가 겉으로는 인정받고 있는 것처럼 보였지만, 종교 문제뿐만 아니라 정치 문제에서도 자유롭지 않았다고 보았다.) 시대로 불리는 오늘날, 즉 사람들은 자신들의 의견이 진리라고 확신하기보다, 오히려 확신하는 진리라도 없으면 무엇을 해야 할지도 모르는 시대에, 한 사람의 의견이 대중의 공격으로부터 보호되어야 한다고 주장한다면, 그 의견의 진실성 여부가 아니라 사회에 대한 중요성에 근거한 것이다.

그래서 사람들은 복지에 절대 필요한 것은 아닐지라도, 대단히 유용한 어떤 신념을 지지하는 것은 사회의 다른 이익들을 보호하는 것만큼이나 국가가 지켜야 할 의무라고 주장한다. 필요에 따라 그것이 국가의 의무와 직접적으로 연관된 경우에는 정부는 무오류는 아니지만 그에 근사한, 일반 여론에 따라 나름대로 판단하고 행동하는 것은 정당하다고 주장할 수 있다.

그리고 오직 사악한 자들만이 이렇게 유익한 신념들을 약화시키고 싶어 한다고 생각하는 경우가 종종 있어서 사악한 사람을 제재하고, 오직 그러한 사람들이 저지르는 것을 금지하는 것은 전혀 잘못이 아니라고 생각하는 것이다.

이런 유형의 사고방식을 따르게 되면, 그 주장이 진실인가를 판단하는 것이 아니라 그것이 유용한 것인가를 기준으로 토론의 자유를 억압할 수 있는 정당성을 갖게 된다. 또한 이러한 방법으로 어떤 의견에 대해 무오류적으로 판단하고 주장했다는 책임으로부터 벗어났다고 자만할 것이다. 그러나 그렇게 만족하는 사람들은 무오류라는 가정이 단순히 한 점에서 다른 점으로 이동된 것에 불과하다는 것을 인식하지는 못한다.

하나의 의견이 유용한지의 여부는, 의견 그 자체가 불확정한 만큼이나 토론의 여지가 있어야 하며, 토론이 요구된다. 그 의견이 잘못되었다고 결정할 때처럼 해로운 의견이라고 결정하려면 똑같이 완벽한 무오류적 판단이 필요해진다. 그렇지 못하면 비난받는 어떤 의견은 스스로를 방어할 기회를 충분히 갖지 못하는 것이다.

따라서 어떤 이교도가 자신의 믿음이 진리라고 주장하는 것은 금지되지만, 그 진리가 유용하다거나 아무런 해가 되지 않는다는 주장이 허용될 수 있다는 것은 아무 의미가 없다. 왜냐하면 어떤 의견의 진실성은 그 의견이 갖고 있는 효용성의 일부분이기 때문이다. 어떤 제안이 사람들이 믿을 만한 것인가를 판단할 때, 그것이 진리인지의 여부를 생각하지 않고 판단할 수 있을까?

악인이 아닌 선한 사람들은 정말로 유용한 신념은 진리에 어긋나지 않는다고 말한다. 유용하다고 말해지는 어떤 교리가 자신들의 생각에는 틀렸기 때문에 그것을 부정한 사람들이 그 죄로 문책당했을 때 당신이라면 어떤 주장으로 그들을 보호할 수 있을까?

일반적으로 수용되는 의견을 따르는 사람들은 유용하다고 말해지는 주장에서 얻을 수 있는 모든 이익을 취하는 데 결코 실패하지 않는다. 그들은 유용성의 문제를 마치 진리의 문제와 완벽하게 분리될 수 있는 것처럼 다루지 않고 있다는 것을 알 수 있다. 오히려 그들은 자신들의 교의가 진리이기 때문에 그것에 대한 신념과 믿음은 필수불가결한 것이라고 주장한다.

아주 결정적인 논의가 한편에서는 채택될 수 있지만 다른 편에서는 채택될 수 없다면, 유용성에 대한 공평한 토론은 행해질 수 없다. 법 또는 대중적 정서가 어떤 의견의 진실에 대한 토론을 허용하지 않을 때, 마찬가지로 유용성을 부정하는 것도 거의 묵인하지 못한다. 이때 그들이 최대한 허용하는 것은 그 의견에 대해 절대적 필요성이 있는지, 혹은 그것을 배척한 죄에 대해 긍정적으로 검토하는 것 정도이다.

잘못된 의견이라도 논의될 기회는 주어져야 한다

자신의 판단에 따라 옳지 않다고 비판했기 때문에 더 들어볼 필요도 없다고 하는 경우에 생기는 해악을 충분히 증명해 보이기 위해 구체적인 사례를 들어 토론하는 것이 바람직할 것이다. 내게는 그리 유리하지 않을 사례, 즉 진리와 유용성의 관점에서 사상의 자유를 억압하여 여러 논의를 불러일으키는 사례를 선택할 것이다.

신 또는 내세에 대한 믿음, 혹은 일반적으로 널리 인정되는 도덕론을 비판하는 의견이 있다고 하자. 이것은 공정하지 않은 적수에게는 선점을 내주는 그런 싸움터에서 경쟁하는 것과 같다. 왜냐하면 (내심으로는 불공정한 이익은 원하지 않는다면서도) 확실히 이렇게 말할 것이기 때문이다. 이것이 법의 이름으로 허용되기에는 충분히 진실하지 않다고 생각하는 교의인가? 아니면 무오류성을 주장할 정도로 확신할 수 있는 신앙 중의 하나인가?

여기에서 난, 오류가 없는 것이라고 가정할 수 있는 교의(그 내용이 무엇이든)란 없다는 것을 밝혀야겠다. 무오류성이란 타인으로 하여금 반대편의 의견에 귀기울이도록 허용하는 것이 아니라 그들을 대신하여 그 문제를 결정하려는 것이다. 내가 가진 확고한 신념에 따라 나는 이러한 허식에 대해 비난하고 책망할 것이다.

어떤 의견이 가진 거짓과 그로 인해 생기는 해악 – 해로울 뿐만 아니라(내가 아주 혐오하는 표현을 빌리자면) 부도덕하고 불경스러운 것 – 을 설득력 있게 비판하면서, 자신의 나라나 동시대의 대중들도 지지하고 있다고 주장할 수 있을지라도, 그 나쁜 의견을 가진 사람의 자기 주장에 대한 변호를 방해하는 것은, 여전히 개인적인 판단의 무오류성을 가정하고 있는 것이다. 그 의견이 비록 부도덕하고 경건하지 못한 것으로 여겨진다 해도, 무오류성을 가정하는 것으로 인한 부당함과 위험은 적어지지 않고 오히려 가장 치명적인 해를 입히는 것이 되어 버린다. 바로 이러한 것들이 과거 세대의 사람들이 저지른 가공할 만한 실수가 다음 세대의 사람들에게 경악과 공포를 불러일으키는 경우이다.

법의 힘으로 뛰어난 지성인과 훌륭한 사상을 뿌리채 도려냈던 기억할 만한 사건들이 역사적 사례에서 발견된다. 비참한 일이지만 사람들을 탄압하는 이런 시도는 성공적이었다. 비록 그러한 주장 가운데 몇몇은 (마치 우롱이라도 하는 듯) 살아남을 수 있었지만, 교의의 일반적 해석과 주장에 반대하는 사람들에게는 늘 유사한 탄압이 행해졌다.

소크라테스라는 한 개인과 그가 살던 시대의 법률 기관과 대중 여론 사이에 있었던 유명한 갈등은 인류 역사상 가장 기억해야 할 만한 사건이었다. 그는 시대적으로, 또는 지역적으로 위대한 인물들이 많이 활약하던 곳에서 태어났다. 소크라테스와 그리스 시대에 대해 잘 알고 있는 사람들은 그를 당대의 가장 도덕적인 인물로 전하고 있다.

우리는 그가 후세에 등장하는 도덕철학자의 원형이며, 시조였다는 것을 알고 있다. 즉 윤리학을 비롯한 모든 철학을 만들어낸 두 사람, 뛰어난 영감의 소유자인 플라톤과 '학자 중의 학자'라고 불리는 현명한 공리주의자인 아리스토텔레스에게 영향을 끼친 인물이다.

소크라테스의 뒤를 이은 뛰어난 철학자들은 한결같이 그를 스승으로 인정했다. 그의 명성은 2천년의 시간이 지났음에도 그의 조국 아테네를 빛낸 다른 모든 사람들을 능가한다. 그는 불경죄와 부도덕이라는 죄목으로 사법 재판을 받고 아테네 사람들에 의해 처형되었다. 그는 국가가 공인한 신들을 부정한다며 불경죄로 고발되었다. 실제로 그를 고발한 사람들은 그가 신을 전혀 믿지 않았다고 주장했다(소크라테스의《변명Apologia》참조).(역자 주 : 플라톤이 쓴 대화편으로, 재판정에 선 소크라테스가 자신을 향한 정치적 공세에 맞서 고소자들과 배심원을 향해 펼친 철학적 변론을 담고 있다.) 또한 그가 가르친 사상으로 '아테네 청년들을 타락시켰다'며 부도덕하다고 고발되었다.

아테네 법정은 이 고발에 대해 믿을 만한 근거가 있다며 소크라테스에게 유죄 판결을 내렸다. 아마 그때까지 지구상에서 태어난 모든 사람들 가운데 최고의 인물이라 할 그를 범죄자로 만들어 사형에 처했던 것이다.

여기에서 부정한 사법 행위가 저질러진 또 다른 사례를 살펴보자. 소크라테스의 처형 이후로 가장 어처구니없는 경우이다. 지금으로부터 1천 8백년 전 골고다(역자 주 : 예루살렘 부근의 예수가 십자가에

못 박힌 곳) 언덕에서 발생했던 대사건이다. 예수의 일생과 언행을 지켜본 많은 사람들은 그를 도덕적으로 위대한 인물이라고 기억했다. 따라서 그는 사후 18세기 동안 인간으로 태어났지만 전지전능한 신으로서 추앙되었다. 그러나 예수가 불명예스럽게 처형된 죄목은 무엇이었을까? 신을 모독한 죄였다. 자신들에게 은혜를 베푼 그를 단순히 오해한 것이 아니라 정반대의 존재로 착각하고 극단적인 이단자로 대했다. 예수를 그런 식으로 대접했던 바로 그들이 이제는 불경죄에 해당한다.

오늘날 인류는 소크라테스와 예수의 처형을 특히 통탄할 만한 사건으로 여긴다. 불행한 두 주역들에게 그들이 내린 극단적으로 불공정한 판정 때문이다. 두 사람은 모든 면에서 전혀 악인이 아니었다. 보통 사람보다 나쁜 사람이 아니라 오히려 그 정반대였다. 두 사람은 신앙, 도덕, 애국심에 있어 그들이 살았던 시대와 민중들에 비해 비교할 수 없을 정도로 고양된 사람들이었다. 현세대는 물론 과거의 모든 시대를 돌아봐도, 비난받는 대신 존경받을 만한 삶을 살았던 인물들이었다.

예수의 말이 선언되었을 때 자신이 입고 있던 성의를 갈가리 찢은 대제사장(역자 주 : 대제사장 가야바를 말한다. 마태복음 26장 60-65절. 대제사장이 예수에게 '네가 찬송 받을 자의 아들 그리스도냐?'라고 묻자 예수가 '그렇다'고 답했다. 이에 대제사장은 자신의 옷을 찢으며 예수를 사형에 해당하는 자로 정죄하였다.)이 있다. 자신이 살고 있던 나라의 모든 사상에 의하면 예수의 말은 가장 최악의 죄를 범하는 것이었기 때문에 공포와 분노를 느끼기에 충분했을 것이다.

그것은 오늘날 우리가 존경하는 경건한 사람들 대다수가 고백하는 종교적, 도덕적 감정과 유사한 것이었을 것이다. 그들 대부분은 지금 대제사장의 행동에 전율을 느낀다. 그러나 만약 그들이 그 시대에 유대인으로 태어났다면 역시 그와 똑같이 행동했을 것이다. 초기 순교자들을 돌로 처형했던 사람들이 분명 자신들보다 사악한 사람들이었다고 생각하는 정통 그리스도교 신도들은 최초 박해자들 중의 한 사람이 사도 바울이었다는 사실을 반드시 기억해야 할 것이다.

한 가지 더 충격적인 사례

잘못을 저지른 사람의 지성과 덕성에 비추어 보았을 때, 결코 잊을 수 없는 실수들 중에서 가장 충격적인 사례 한 가지를 더 들어보자.

권력을 가진 사람이었으나 동시대인들 중에서 가장 선하고 진보적인 자질을 갖춘 인물이 있다면 바로 마르쿠스 아우렐리우스 황제(역자 주 : 마르크스 아우렐리우스Marcus Aurelius AD 121~180. 로마 제국의 제16대 황제. 5현제 중 한사람이다. 그리스도교를 박해했다. 후기 스토아 학파의 철학자이며, 저서 《명상록》이 유명하다.)일 것이다. 당대의 문명세계 전체를 지배하는 절대 군주였던 그는 일생을 통해 흠결이 없는 정의로운 삶을 실현했다. 또한 스토아 학파의 철학자에게서 기대할 수 없었던 따뜻한 성품의 소유자였다.

그의 탓이라고 말해지는 몇 가지 실책들은 모두 어쩌면 그의 관대함에서 비롯되었다. 고대 정신사에서 최고의 윤리학적 창작물인 그의 저술(역자 주 : 《명상록》을 가리킨다.)은 비록 예수의 가장 독창적인 가르침과 구별되기는 하지만 전혀 다르지는 않다.

교리적 의미에서는 그리스도 교인이 아니었지만, 그의 치세 이후 표면상으로는 그리스도교적 군주로 군림했던 그 어떤 인물보다 더 그리스도교적인 인물이었던 이 황제는 그리스도교를 박해했다.

자신의 저술에서 개방적이며 자유로운 지성과 기독교적 이상을 구현하려고 노력하는 인격을 갖추었기 때문에 그는 과거 인류가 추구해온 인간성의 최고 정상의 자리를 차지할 수 있었다. 그러나 스스로 이 세계에 대해 철저한 의무감을 갖고 있었기 때문인지, 그리스도교가 악이 아니라 선이라는 사실을 깨닫는 데에는 실패하고 말았다.

그의 눈에 비친 그 시대의 사회는 혼란스러웠다. 그럼에도 불구하고 사회의 질서가 유지되고 더 이상 나빠지지 않은 이유는 공인된 신을 믿고 숭배했기 때문이라고 생각했다. 그의 눈에는 그렇게 보인다고 믿었던 것이다. 그는 인류의 지도자로서 사회가 분열되지 않도록 하는 것이 자신의 의무라고 생각했다. 그러나 현재의 질서 관계가 무너졌을 때 새로운 사회를 재편하려면 어떻게 해야 할지를 모르고 있었다.

그리스도교라는 새로운 종교는 공공연하게 기존의 질서를 해체하려고 했다. 그 종교를 인정하는 것이 자신의 의무가 아니라면 그것을 탄압하는 것이 의무라고 생각했다. 그리스도교 신학이 그에게는 진리이며, 신성한 것으로 보이지 않았다. 또한 예수가 십자가에서 처형되었다는 불가사의한 역사도 믿을 수가 없었다.

그로서는 전반적으로 극히 믿을 수 없는 근거에 의존하고 있는 신앙 체계가 개혁적 매개가 될 것으로 보지 않았다. 그러나 오랜 세월이 흐른 후 그것은 실제로 증명되고야 말았다. 결국 철학자와 지도자들 중에서 가장 자비롭고 온건한 인물이었던 그는 성실한 의무감으로 그리스도교의 박해를 공인했다.

내가 보기에 이것은 인류 역사상 가장 참담한 비극 중의 하나이다. 콘스탄티누스 대제가 아니라 마르쿠스 아우렐리우스가 다스리는 동안 그리스도교가 로마 제국의 종교로 공인되었다면 세계의 그리스도교가 어떻게 달라졌을까를 생각해 보는 것은 대단히 안타까운 일이다.

그러나 그리스도교가 반그리스도교적인 가르침을 처벌하기 위해 주장했던 이유를, 마르쿠스 아우렐리우스가 그리스도교의 전파를 억압하기 위해 똑같이 적용했다는 사실을 부정하는 것은 그에 대한 불공정한 비판이며 또한 진실이 아니다. 그리스도 교인들은 무신론이 잘못된 것이며 사회를 분열시킨다고 굳게 믿었다. 마르쿠스 아우렐리우스는 그러한 그리스도 교인들이 더 나쁘다고 확신했다. 당시에 살던 모든 사람들 중에서 그리스도교를 가장 잘 이해할 수 있는 사람이 있었다면 바로 그였을 텐데 말이다.

신앙의 자유를 반대하는 사람들 스스로가 마르쿠스 아우렐리우스보다 현명하고 지혜롭다고 자신할 수 없다면 – 즉 당대의 현실에 더 정통하고, 더 뛰어난 지성을 갖추었으며 진리 탐구를 위해 전념한다고 소신껏 자랑할 수 없다면 – 자신은 물론이고 대중 여론 모두 오류가 없다고 확신할 수 없는 것이다. 위대한 안토니우스(역자 주 : 마르쿠스 아우렐리우스를 가리킨다.)도 무오류적 확신을 했기 때문에 불행한 결과를 초래했던 것이다.

진리란 박해당해야 하는 것인가

마르쿠스 아우렐리우스가 결코 정당하지 않았다는 논리에 따라 반종교적 의견을 억압하기 위해 처벌하는 것은 결코 용납할 수 없다는 것을 알 수 있다. 따라서 종교의 자유를 반대하는 자들은 이러한 주장이 강력하게 제기되면 그 결과에 대해서는 일단 수긍한다. 그리고 존슨 박사(역자 주 : 사무엘 존슨Samuel Johnson 1709~1784. 18세기 영국 문단의 중심인물이다. 시인 겸 평론가. 영어 사전 편찬으로 유명하다.)와 마찬가지로 다음과 같이 말한다.

'그리스도교를 박해한 사람들은 정당했다. 박해는 진리가 반드시 거쳐야 할 시련이기 때문이다. 진리는 항상 성공적으로 통하기 마련이며, 법적 처벌이 해로운 일에는 가끔 긍정적인 효과가 있을 수 있지만 결국 진리 앞에서는 무력해지기 때문이다.'

종교의 자유를 거부하는 이러한 논쟁은 매우 주목할 만한 것이기 때문에 그냥 지나칠 수 없는 문제이다.

박해가 진리에 어떠한 해도 끼치지 않는다고 하여 진리가 억압당하는 것이 당연하다는 주장이다. 이것은 새로운 진리를 수용하는 데에 고의적으로 적대적이었다고 비난할 수는 없다는 것이다. 그렇다고 인류에게 새로운 진리를 제시한 사람들을 관대하게 대한 것으로 칭찬할 수도 없다.

세상사와 깊은 관련이 있는데, 그 전에는 알려지지 않았던 어떤 사실을 발견함으로써 현세 또는 내세의 문제에 대한 극히 잘못된 인식을 증명하는 것은 한 인간이 인류에게 보답할 수 있는 가장 위대한 공헌이다. 몇몇 초기 기독교인과 종교 개혁가들의 경우 존슨 박사와 같은 생각으로 그것이 인류에게 주어진 가장 귀중한 선물이었다는 것을 믿었다.

그러나 존슨 박사의 주장에 따르면 이렇게 위대한 업적의 주인공들에 대한 보답이 순교에 처해지는 것이며, 가장 흉악한 범죄자로 대우되는 것이, 인류가 삼베옷을 입고, 재를 덮어 쓰고 슬퍼해야 할 만큼 비참한 실수와 불행이 아니라는 것이다. 그저 평상적이고 정당한 상태라는 것이다.

이 교리에 따르면 새로운 진리의 주창자는 로크리(역자 주 : 고대 이오니아 지역의 그리스의 도시국가이다. 자레우코스Zaleucus라는 사람이 만든 로크리법은 어떤 사람이라도 법을 고치고자 하면 목에 밧줄을 걸고 제안해야 한다. 그리고 시민들의 호응을 얻지 못하면 그 자리에서 밧줄을 당겨 목 졸라 죽였다고 한다.) 법에 따라 자신의 목에 밧줄을 걸고 나와 만일 민회에서 자신의 의견을 청취한 후 받아들여지지 않으면 즉시 교수형을 당할 각오로 나서야 한다는 것이다.

인류에게 혜택을 베푼 사람들을 이런 방식으로 처벌했던 것을 옹호하는 사람들은 그 혜택에 얼마만한 가치를 두어야 하는지를 모른다. 그 주제에 대한 이러한 관점이 과거에는 새로운 진리가 바람직했었으나 이제 충분히 알고 있는 것이라고 여기는 일부 사람들일 것이라고 믿고 싶다.

그러나 진리는 언제나 박해를 이겨내고 승리를 거둔다는 선언이 진부해질 정도로 여러 사람들 사이에서 반복되었으나, 실제로는 모든 역사적 경험이 반박하듯 듣기에 좋은 허언 중의 하나일 뿐이다.

역사에는 박해로 인해 사라져 버린 진리의 사례들이 많다. 영원히 제압된 것은 아니지만 몇 세기 동안 내버려져 있었다. 종교적 신념들의 경우, 마르틴 루터 이전에도 종교개혁은 적어도 스무 번은 일어났으며 또한 진압되었다. 아르날도 다 브레시아, 돌치노 수사, 사보나롤라, 알비주아, 발도교파, 롤라즈교파, 후스파 교도들 모두 진압되었다. 마르틴 루터 이후에도 박해는 지속되었고 어느 곳에서나 성공적이었다.

스페인, 이탈리아, 플랑드르, 오스트리아 제국 등에서 개신교는 뿌리째 뽑혀버렸다. 영국에서도 만약 메리 여왕(역자 주 : 메리 여왕Queen Mary. 헨리 8세의 딸. 헨리 8세에 의해 이혼을 당한 캐서린의 딸이다. 신교에 의해 어머니와 자신이 박해를 당했다고 생각하여 영국 여왕으로 재위 시절 [1553~1558], 신교를 무자비하게 박해했다. 스코틀랜드의 여왕 메리 스튜어트Mary Stuart와는 다른 인물이다.)이 살아 있었다면, 또는 엘리자베스 여왕(역자 주 : 엘리자베스 여왕Elizabeth I. 영국 튜더 왕조의 마지막 군주. 메리 여왕이 죽은 이후 왕위에 올랐다. 45년 동안 치세하면서 영국의 눈부신 발전을 이룩했다. 신교 와 가톨릭간의 극심한 갈등을 종식시키기 위해 신교를 영국의 국교로 선포했으나, 가톨릭 신앙도 허용했다.)이 죽었다면 똑같은 상황이었을 것이다. 이단 자들이 아주 강하게 결속되어 있어 효과적으로 처벌할 수 없는 경 우를 제외하고는 거의 성공적이었다.

이성적인 인간이라면 로마 제국에서 그리스도교가 사라졌으리 라는 사실을 의심하지 않을 수 없을 것이다. 그러나 그리스도교가 전파되어 세력을 확장하게 된 이유는 오로지 박해가 드문드문 행해 졌으며, 단기간 지속되었으며, 박해를 당하지 않는 오래 기간 동안 포교 활동을 할 수 있었기 때문이다.

진리가 단지 진리이기 때문에 허위를 부정하는 본래의 힘을 가 진다는 것은 쓸모없는 감상일 뿐이다. 즉 감옥과 화형에도 견뎌낼 수 있다는 믿음 말이다. 진리를 구하고자 하는 인간의 열정은 오류 를 찾아내려는 것과 마찬가지로 그다지 강력하지 않다. 따라서 법 적으로 심지어는 사회적인 처벌로도 충분히 진리와 오류의 확장, 어느 것도 성공적으로 억압할 수 있다.

진리라는 것의 실제 특성은, 어떤 생각이 진리일 때 그것은 한 번, 두 번 혹은 여러 번 소멸될 수 있다는 것이다. 그러나 시간이 흐

르면서 누군가가 그 진리를 재발견하는 것이 일반적이다. 그것을
재발견한 사람들 중 일부가 유리한 환경 속에서 박해를 피할 수 있
었을 때, 그 진리를 억압하려는 모든 지속적인 시도에도 저항하여
살아남게 되는 것이다.

오늘날의 법적 제재는 어떠한가

이제 우리는 새로운 주장을 펼치는 사람들을 처형하지 않는다고 말
한다. 예언자들을 사형에 처했던 선조들과 다르며, 우리는 그들을
위해 묘까지 조성하고 있다고 말하기도 한다. 우리가 이교도들을
더 이상 죽음으로 내몰지 않는 것은 사실이다. 현대인의 정서로는
거의 참을 수 없는 극히 불쾌한 의견일지라도 형사처벌로 그 의견
을 완전히 억압할 수는 없다.

　그러나 법적 제재로 일으킨 작은 오점은 없다는 것으로 자만해
서는 안 된다. 사상의 자유, 적어도 언론의 자유에 대한 처벌은 여
전히 법적으로 존재한다. 오늘날도 여전히 그러한 처벌이 극히 드
문 것은 아니기 때문에 언젠가 전면적으로 부활될지도 모른다는 생
각이 전혀 근거가 없는 것도 아니다.

　1857년 콘월 주(역자 주 : 콘월Cornwall. 영국 잉글랜드 남서부의 주)의 하
계 순회 재판소에서 평소 모든 생활에서 특별히 잘못한 일이 없던
한 남자가 불행하게도 그리스도교를 비방하고 자신의 대문에 그런

내용을 써 붙였다는 죄목으로 21개월의 금고형을 선고받았다. 그 후 한 달도 지나지 않아 올드 베일리에서 신앙이 없다고 선언한 두 사람이 배심원으로 선정되지 못했다. 그 중 한 사람은 재판관과 변호인에게 심한 모욕을 당하기도 했다.

그리고 세 번째 사람은 외국인이었는데 같은 이유로 도둑질 당한 것을 고소할 수 없었다. 이러한 거부는 신(어떤 신이든 상관없이)과 내세에 대한 믿음을 고백하지 않으면 누구든 법정에서 증언할 수 없다는 법적 이론을 근거로 생겨난 일이다.

이것은 그들에게서 법의 보호를 박탈하겠다고 선언하는 것과 같다. 자신과 의견이 같은 사람들 외에는 아무도 없을 때, 도둑을 만나거나 공격을 당한다면 그 범죄자들에게 아무런 처벌을 내릴 수가 없는 것이다. 사실에 대한 증명을 범죄자들의 증언에 의존하기 때문이다.

이러한 일들이 일어나는 이유는 내세를 믿지 않는 사람들의 선서는 아무런 가치도 없다고 보기 때문이다. 이러한 의견에 동조하는 사람들은 역사에 대한 심각한 무지를 드러내는 것이다.(어느 시대에나 무신론자 중에서도 성실함과 명예로운 행동으로 뛰어난 사람이 많았다는 것은 역사적 진실이기 때문이다.) 적어도 언행과 학식이 뛰어난 사람들 중에도 무신론자들이 있으며 특히 자신과 가까운 사람들 중에도 있을 수 있다는 것을 조금이라도 이해하는 사람이라면 그와 같은 법을 지지하지 않을 것이다. 뿐만 아니라 이 법의 해법은 자멸적인 요소를 지니고 있어 법의 기본을 스스로 배반한다. 무신론자들을 거짓 말쟁이로 가정하고, 기꺼이 거짓말을 하는 모든 무신론자들의 증언 은 수용하는 것이다. 그리고 거짓을 고백하기보다 모두가 혐오하는 신념(무신론)을 공개적으로 고백하는 용기 있는 사람들의 증언만은 무시해 버린다. 이 법은 지향하고자 했던 본래의 목표와는 너무 다 른 불합리성을 스스로 선언했기 때문에 증오의 표지처럼 혹은 박해 를 상징하는 폭력으로 비춰지고 있을 뿐이다.

박해라는 것은 특수성을 가진다. 박해를 당할 이유가 없었다는 사실이 명백해지면, 이 법을 훼손할 수 있는 권한을 갖게 되는 것이 또한 박해이기 때문이다.

이 법과 그것이 가지고 있는 교의는 무신론자뿐만 아니라 유신 론자에게도 똑같이 모욕을 준다. 만일 내세를 믿지 않는 사람은 필 연적으로 거짓말을 한다고 가정한다면, 믿는 자들이 거짓말을 하지 않는 유일한 이유가 지옥에 대한 공포 때문이라는 결론이 된다. 우 리는 그리스도교적 덕성으로 마련된 이러한 관점이 사실은 그 자신 들의 의식을 드러낸 것이라고 가정함으로써 이 법을 만들고 옹호하 는 사람들에게 해를 끼치려는 것이 아니다.

사실 이러한 것들은 박해가 남긴 너덜너덜한 흔적 또는 유물에 지나지 않는다. 박해를 시도했다기보다 영국인들에게서 자주 나타 나는 결점들 중의 한 가지라고 생각할 수도 있다. 옳지 않은 원칙을 실제로 실천할 만큼 나쁜 국민들이 아닌데도 그러한 원칙을 주장하면서 터무니없는 희열을 느끼고 있는 것이다. 그러나 불행하게도 대중의 심리 상태는 안심할 수가 없다. 지난 세기 말까지는 사라졌던 혹독한 유형의 법적 제재가 계속될 수 있기 때문이다.

지금의 시대는 평온한 일상이 과거의 해악을 부활시키려는 시도에 의해 종종 심하게 흔들리곤 한다. 그것은 새로운 신앙을 부흥시키려는 것만큼이나 심각하다. 오늘날 종교의 재현이라고 떠벌려지고 있는 것은 편협하고 미개한 사람들의 생각 속에 항상 있었던 것으로 과거에 완성되지 못한 신앙의 재현일 뿐이다.

시민들의 감성에 불관용의 기운이 강하고 오래 지속되는 곳에서는, 특히 영국의 중산층처럼, 박해를 해도 무방하다고 확신하는 사람들을 실제로 박해하도록 시민들을 부추기는 데는 별 힘을 들이지 않아도 된다. ^{저자주 2}

자신들이 진실하게 믿는 신앙을 부정하는 타인들에 대해 그들이 마음속으로 품고 있는 의견과 몰래 느끼는 감정들이, 바로 영국에서의 신앙의 자유를 저해하고 있기 때문이다.

즉 과거에 오랫동안 법적 처벌이 만들어냈던 해악이 사회적 오명을 더욱 강화시켰다는 점이다. 이것은 대단히 효과적이었다. 따라서 영국에서는 사회적으로 금지된 발언을 하는 것이 훨씬 적어졌다. 다른 나라에서 사법적 처벌을 받을 위험성이 있는 의견을 발언하는 것보다 더 조심스러워졌다.

지성의 발전이 사회를 자유롭게 한다

타인의 도움이 필요하지 않을 만큼 재정적으로 독립적인 사람을 제외한 대부분의 사람들은 이러한 주제에 있어 대중 여론의 영향력이 법만큼이나 크다. 어떤 사람이 구속된다는 것은 생계의 수단이 박탈된다는 것을 의미한다. 생계에 대한 걱정이 없는 사람들은 권력자 혹은 여러 집단 또는 대중들로부터 어떤 이익도 받을 생각이 없으므로, 자신의 생각을 공공연히 드러내는 것을 주저하지 않는다. 나쁜 인상을 줄 수도 있고 욕을 먹을 수도 있지만, 부정적인 여론을 견뎌내야 할 만큼 과감한 특성이 필요한 것은 아니다. 따라서 이런 사람들을 변호하기 위해 동정심을 발휘할 필요는 없을 것이다. 오늘날에는 생각이 다른 사람들에 대해 과거의 관습만큼이나 흉악한 박해를 가하지 않는다. 그러나 그들을 대하는 우리의 모습은 그 어느 때만큼이나 끔직한 악행을 저지르고 있다.

소크라테스는 사형에 처해졌지만 그의 철학은 하늘의 태양처럼 높이 솟아올라 온 인류의 지적 세계에 찬란한 빛을 비추어 주고 있다. 그리스도 신자들은 사자에게 던져졌지만, 교회는 무성한 나무로 당당하게 자라, 낡고 시들어버린 나무들을 밟고 올라서 그늘로 덮어 버렸다.

사회적 불관용은 단순히 누구를 죽이지도 않고 어떤 사상을 뿌리째 뽑아버리지는 않지만, 사람들로 하여금 자신의 모습을 위장하게 만들고, 어떤 주장을 확산시키려는 적극적인 노력을 막아버린다. 영국의 경우에 이단적 신념들이 10년 간 혹은 몇 세대 동안 눈에 띄게 강화되었거나, 사라진 것은 아니다. 즉 아주 넓고 멀리 타오르지는 못했지만 처음 주창한 사람들 사이에서 연구되고 토론되는 극히 협소한 범위 내에서 연기를 피워내듯 지속되었다. 그렇다고 진리 또는 거짓의 빛으로 인류 전체의 일반사를 명쾌하게 밝혀 준 것은 없다.

그래서 어떤 사람들에게는 매우 만족스러운 상태에 있게 한다. 왜냐하면 누구든지 감금이나 벌금형 같은 불쾌한 과정을 겪지 않고도 우세한 의견이라면 외부적인 방해를 받지 않고 지지될 수 있기 때문이다. 또한 잘못된 사상에 빠져 있는 이단자들이라 해도 그들의 이성적 활동을 원천적으로 금지하지는 않기 때문이다.

이것은 지성적 세계에 평화를 가져오는 편리한 계획이며 과거에 행해지던 모든 질서들을 그대로 유지시켜 주는 것이다. 그러나 이러한 지성적 평화는 인류의 모든 도덕적 용기를 희생한 대가로 얻어지는 것이다.

극히 활동적이고 탐구적인 지성인들 중에서 다수의 사람들이 스스로 확신하는 것들의 원칙과 주장들을 오직 마음속으로 간직하는 것이 현명한 일이라고 생각하는 상태가 되거나, 일반 대중들이 내적으로 부인하는 전제들에 대해서는 가능한 꿰어 맞추듯 결론을 내리려는 상황이라면, 한때 지적인 세상을 장식했던 두려움을 모르는 인물들, 논리적이면서 소신이 있는 지성인들이 배출될 수 없다.

이런 환경에서 나타나는 인간은 세속적 상식에 순응하거나 혹은 진실을 추종하는 부류들이다. 모든 중요한 문제에 대한 그들의 논의는 같은 부류의 청중들에게만 의미있는 것이지, 스스로 확신하고 있는 사람들에게는 의미가 없다. 그 어느 쪽도 피하려는 사람들은 원칙적인 문제에서 벗어나지 않고 논의될 수 있는 문제들로서, 아주 사소하고 실제적인 것들에 대한 생각과 관심으로 축소시키려 시도한다.

그러나 인간의 정신력이 담대해지고 확장되지 않으면 이러한 문제에 대한 정당한 권리를 찾는 것은 불가능할 것이다. 인간의 정신력이 담대해지고 확장되면 가장 가치 있는 주제에 대해 자유롭고 과감한 토론을 할 수 있겠지만, 그렇지 못하면 우리는 그런 것들을 포기해야 된다.

소수 의견을 가진 이교도들을 침묵하게 하는 것이 결코 잘못이 아니라고 생각하는 사람들은 먼저 다음과 같은 것을 숙고해봐야 한다. 결과적으로 이교도적 의견에 대한 공정한 토론이 불가능해진다는 것이며, 또한 논의되지 않은 의견들이 비록 확산되지 않을 수는 있겠으나 결코 사라지지 않는다는 사실이다.

정통 교리에 귀착되지 못하는 모든 탐구를 금지하는 시점에 이르면 피해를 보는 것은 이교도들의 마음이 아니다. 가장 큰 피해는 이교도가 아닌데도 이단에 대한 공포로 인해 이성이 마비되고 정신적 성장이 완전히 막혀버리는 사람들이 받게 된다.

수많은 훌륭한 지성인들이 소심한 인물이 되어버리면 자신들에게 비종교적이며 비도덕적이라고 비난하는 것을 인정할 수 없게 된다. 따라서 그들은 한때 대담하고, 활발하고, 독립적이었던 사고의 틀을 벗어버릴 수도 있다. 이때 세상이 얼마나 큰 손실을 입게 되는지 누가 측정할 수 있을 것인가?

그들 중에는 종종 대단히 양심적이며, 날카롭고 세련된 지성을 갖춘 사람들도 있다. 그들은 자기 스스로 침묵시킬 수 없는 지성을 정교하게 만들기 위해 일생을 보낸다. 의욕적으로 자신의 양심과 이성을 근본주의와 조화시키기 위해 시도하다가 모든 창의력을 소진해 버리고 결국에는 성공하지 못하고 만다.

사상가라면 자신의 지성이 어떠한 결론에 도달하게 되더라도 그 지성을 추구해 가는 것이 가장 중요한 의무라는 사실을 알아야 한다. 그렇지 않으면 위대한 사상가가 될 수 없다. 자기 스스로 생각하는 과정을 거치지도 않고 얻어낸 유일한 의견을 진리라고 주장하는 사람보다, 오히려 충분한 연구와 준비 끝에 자신만의 주장으로 오류를 만들어낸 사람이 오히려 진리탐구에 도움이 된다.

사상의 자유를 요구하는 유일한 혹은 가장 중요한 이유는 위대한 사상가들을 배출하기 위한 것이 아니다. 오히려 보통 사람들도 충분히 성취할 수 있는 정신적인 성장을 위한 것이기 때문에 더욱 필요하다. 정신적 노예 상태가 일반화된 분위기에서도 위대한 사상가들은 나타났으며 앞으로도 계속 그럴 것이다. 그러나 그 속에서 지성적으로 활동하는 시민은 결코 없었으며, 앞으로도 그럴 수 없을 것이다.

어떤 시민이 그러한 성향을 일시적으로 드러냈다면 그것은 이단적 의견에 대한 불안이 잠시 중지되었기 때문이다. 즉 근본이 되는 원리는 논의될 수 없다는 암묵적 관습이 있는 곳이거나, 인류에게 가장 중대한 문제에 대한 토론이 억압되는 곳에서는, 역사상 주목할 만한 몇몇 시대를 일구어낸 일반적이나 폭넓은 고결한 정신적 활동을 발견할 수 없을 것이다.

열성적으로 논의를 해야 할 만큼 크고 중요한 문제들을 토론하지 못하도록 억압한다면, 시민들의 마음을 근본적으로 변화시키지 못할 뿐 아니라, 가장 평범한 지성을 가진 사람일지라도 생각하는 존재라는 자부심을 갖게 하는 충격적인 사상은 나타나지 않는다.

종교 개혁 이후 나타난 유럽에서의 상황이 그러한 사례들 중의 한 가지였다. 또 다른 사례는 유럽 대륙 내부에서 생긴 것이었다. 일부 문명화된 계급들 사이에서 벌어진 일이었지만, 18세기 후반의 사상운동이 그것이다. 또한 세 번째 사례는 아주 짧은 기간 동안 괴테(역자 주 : 괴테Johann Wolfgang von Goethe 1749~1832. 독일의 시인이며 사상가, 정치가.)와 피히테(역자 주 : 피히테Johann Gottlieb Fichte 1762~1814. 독일의 철학자. 나폴레옹 점령하에서 행한 '독일 국민에게 고함' 이란 강연이 유명하다.)가 살던 시대에 독일에서 일어났던 지성적 변혁이다.

이들 시기에 그들이 발전시켰던 특별한 사상들은 넓게 보면 다르다. 그러나 이들 시기 동안에 권위의 굴레가 파기되었다는 점에서는 같다. 각각의 시대에 낡은 정신적 억압체제는 내던져졌다. 그러나 그 자리를 새로운 것으로 미처 채우지 못했다.

이 세 기간 동안에 주어진 자극이 오늘의 유럽을 만들어냈다. 인간의 정신이거나 사회제도로 마련된 획일적인 발전은 이들 시대 중 하나, 또는 세 시대 모두에게서 명료하게 확인될 수 있다. 그러나 이 세 가지의 충동이 거의 소모된 듯한 현상이 종종 나타나고 있다. 따라서 우리가 다시 정신적 자유를 강력히 주장하지 않으면 새로운 출발을 기대할 수 없다.

억압받는 의견이 진리가 아닌 오류일 경우

이제 우리의 두 번째 논의로 들어가 보자. 일반적인 사회 통념이 오류일 수 있다는 가정은 무시하자. 그것들이 모두 진실이라고 가정한다. 그리고 진리일지라도 자유롭고 공개적으로 토론되지 않았을 때도 그 의견이 지지될 수 있는 방법의 가치에 대해 시험해 보자. 생각이 확고한 사람일수록 자신의 의견이 틀릴 수도 있다는 사실을 인정하려 하지 않는다. 그러나 그 사람은 자신의 생각이 옳다 해도 충분히, 여러 번, 그리고 과감하게 토론되지 않으면 살아있는 진리가 아니라 죽어버린 독단이 되어 버린다는 것을 고려해야만 한다.

(다행히 예전처럼 그렇게 많지는 않지만) 다음과 같은 부류의 사람들이

있다. 자신들이 진실이라고 생각하는 것을 어느 한 사람이 아무런 의심 없이 동조하면 비록 그 사람이 그 의견의 근거에 대해 조금도 알고 있지 못해도, 지극히 피상적인 비판에도 확고하게 변호할 수 없음에도 불구하고 그것으로 충분하다고 생각하는 것이다.

그러한 사람들은 권능적인, 초자연의 가르침으로부터 일단 신념을 전수받게 되면 그것에 의문을 품는 것은 해가 될 뿐 아무런 이득이 없다고 생각한다. 그들은 자신들의 영향력 내에서는 이미 공인된 신념을 현명하고 신중하게 거부하도록 내버려두지 않는다. 그러나 경솔하게 또는 무지에 의해 거부될 수도 있다. 토론을 완전히 억압하는 것은 거의 불가능하기 때문이다. 일단 토론의 기회가 주어지면 확신을 바탕으로 하지 않는 신념은 별로 중요하지 않은 피상적인 논쟁에 쉽게 굴복되기 때문이다.

진리라고 생각되는 의견을 마음속에 품고 있다 해도, 참담하게도 그 의견이 토론으로 증명되지 않은 독자적인 신념이라면 편견일 수도 있다. 비록 그럴 가능성은 없어졌다 해도 이성적 존재에 의해 지지되어야만 하는 진리의 길이 아닌 것이다. 이것은 진리를 모르는 것이다. 이런 방식으로 주장되는 진리란, 진리라고 선언되는 언어들이 우연하게 조합되어 만들어진 것 이상도, 이하도 아닌 하나의 미신일 뿐이다.

개신교도들도 이 사실은 부인하지 않을 것이다. 만약 인류의 지성과 판단이 계발되어야 한다면 한 개인이 가장 중요하게 생각하는 것에 대해 자신의 의견을 가져야 하며 이러한 능력을 적절히 행사할 수 있어야 하지 않을까?

이해력을 계발시킬 수 있는 가장 중요한 수단을 한 가지로 요약한다면, 그것은 바로 자기 자신의 의견에 대한 근거를 명확하게 학습하는 것이다. 어떤 신념을 따르든, 올바른 믿음을 위한 가장 중요한 주제에 대해서는 적어도 상식적인 비판에는 대응할 수 있어야 한다.

그러나 사람들은 이렇게 말할 수도 있다.

"자신들이 믿는 의견의 근거를 깨달아야 한다. 한 번도 논란이 되지 않은 의견이기 때문에 단순히 앵무새처럼 추종하는 의견이 되어서는 안 된다. 기하학을 공부하는 사람은 단순히 정리(theorems)들을 기억할 뿐만 아니라 그에 대한 논증들도 마찬가지로 이해하고 공부한다. 어느 누구에 의해 그 진리가 거부되는 것을 들은 적도 없고, 반증도 시도되지 않았기 때문에 그들이 기하학적 진리에 대해 무지한 채로 있을 뿐이라고 말하는 것은 바보 같은 소리일 뿐이다."

틀림이 없는 말이다. 수학과 같은 주제에 대해서는 그런 가르침으로 충분하다. 수학에는 논쟁의 여지가 있는 측면이 존재하지 않는다. 수학적 진리에 대한 증명은 특수성을 갖고 있다. 모든 논쟁에는 한쪽 면만 존재한다. 반대란 없고 반대에 대한 대답도 필요 없다. 그러나 의견의 차이가 생길 수 있는 문제에 있어서는, 진리는 상반된 의견의 근거들이 부딪치며 만들어지는 균형에 근거해야 한다. 특히 자연 과학에서도 언제나 동일한 사실에 대한 상이한 설명

이 제기될 수 있다. 천동설과 지동설, 그리고 산소설과 연소설(역자 주
: 플로지스톤설이라고도 한다. 산소를 발견하기 전까지 존재한다고 믿었던 가공의
물질이다.)이 대립하는 것처럼 상대의 이론이 진리가 아니라는 것을
증명해 보여야 한다. 이것이 밝혀질 때까지 우리는 진리의 근거를
이해할 수 없다.

그러나 도덕, 종교, 정치, 사회관계, 그리고 삶에 관한 문제처럼
좀 더 어렵고 복잡한 문제를 다룰 때는 방법이 달라진다. 문제가 되
는 논쟁거리를 지지하는 논의의 4분의 3은 반대 의견을 지지하는
근거를 물리치는 데에 집중된다.

한 사람만(역자 주 : 데모스테네스Demosthenes BC 384~322. 고대 그리스의
최고의 웅변가. BC 44~43년에 그리스를 위협하는 마케도니아의 왕 필리포스 2세
[알렉산더 대왕의 아버지]를 비판한 14차례의 연설로 유명하다.) 제외한다면 키
케로(역자 주 : 키케로Marcus Tullius Cicero BC 106~43. 고대 로마의 최대 정치가.
라틴 산문의 모범이며, 수사학의 대가로 칭송받는 인물이다. 카이사르 사후 로마를
공화정으로 되돌리기 위해 노력했으나 실패하고 안토니우스에 의해 살해당했다.)
는 고대 세계에서 가장 위대한 웅변가였다. 기록에 의하면 키케로
는 자신의 주장보다 상대방의 주장에 대해 더 많이, 더 열심히 연구
했다고 한다.

진리를 찾기 위해 어떤 주제를 탐구하는 사람이라면 그가 성공
적인 변론을 위해 실천했던 방법들을 모두 본받아야 한다. 어떤 사
례에 대해 단편적 지식만을 갖고 있는 사람은 그것에 대해 거의 모

르고 있는 것이다. 물론 그의 논거가 훌륭하여 아무도 이의를 제기하지 못할 수도 있다. 그러나 그가 상대방 의견의 논거를 반박할 수 없다든지, 그 논거에 대해 충분히 알지 못한다면 그는 어느 쪽 의견을 더 지지해야 하는지 근거를 가질 수 없다.

이때 그가 취할 수 있는 합리적인 태도는 판단을 유보하는 것이다. 그것을 스스로 감당할 수 없다면 권위자의 의견을 따르거나, 그와 같은 생각을 가진 보편적인 세상 사람들이 좋아하는 것을 받아들인다. 그러나 상대방의 비판을 자신의 선생으로부터 듣게 되거나, 그러한 비판을 반박하기 위해 제시한 선생의 근거를 듣는 것만으로는 충분하지 않을 것이다.

그것은 논의에 대한 공정한 토론이 아니다. 그들의 논의가 무엇인지 진정으로 알 수가 없는 것이다. 반대 논의들을 진정으로 믿으며, 열성적으로 변호하며, 진리를 위해 최선을 다하는 사람들의 이야기를 직접 들을 수 있어야 한다.

그들이 가장 논리적으로 설득하려는 그것을 이해해야 한다. 그 주제가 가지고 있는 관점들을 들여다보고 해결해야 할 모든 어려움들이 무엇인지를 정확히 인지해야 한다. 그렇지 않으면 어려움을 극복함으로써 얻어낼 수 있는 진리의 한 조각도 스스로 알아낼 수 없을 것이다. 이른바 교육을 받았다는 사람들 또는 자신의 의견을 거침없이 표현할 수 있다는 100명의 사람들 중에서 99명은 위와 같은 상황에 처해 있다.

그들의 결론이 진리일 수 있다. 그러나 그들이 결론내린 모든 것이 오류일 수도 있는 것이다. 즉, 자신과 생각이 다른 사람의 입장에 처해보지도 않고 그들이 주장하는 것이 무엇인지를 충분히 고려하지 못하기 때문이다.

결과적으로 그들은 스스로 선언한 교리는 알지만, 그 논쟁에서 가장 올바른 개념을 알지 못하며 그 나머지 정당성을 설명할 수 있는 어떤 부분도 알지 못하는 것이다. 즉, 표면적으로는 대립하는 것으로 보이는 사실이 서로 조화될 수 있다는 것, 혹은 명백하게 대립하는 두 개의 논쟁 중에서 오직 하나만이 채택됨으로써 정당성을 갖는다는 것을 모르는 것이다.

측량하기에 따라 달라지는 진리의 모든 것들은, 그들에게는 전혀 낯설지만 완벽하게 지식이 넓은 사람의 판단으로 결정되기도 한다. 다만 양측 논쟁에 대해 평등하고 편견 없이 들으려고 해야 하며, 가장 쟁점이 되는 논쟁의 이유를 찾아내려고 노력해야 진리를 제대로 알 수 있는 것이다.

도덕과 인간의 문제를 진정으로 이해하기 위해 이러한 훈련은 필수적이다. 따라서 가장 중요한 진리에 대해 비판하는 사람들이 존재하지 않는다면, 가공의 존재라도 만들어 아주 숙련된 사람이나 악마의 대변자가 제시할 수 있는 강력한 논의를 제공해야 하는 것이다.

토론으로 얻어지는 진리의 본질

이와 같이 생각하는 훈련을 통해 얻어지는 힘을 배제하기 위해 토론의 자유를 반대하는 사람들은 다음과 같이 주장할지도 모른다. 즉 보통의 사람들은 그들의 의견에 대해 철학자나 신학자들 사이에서 일어나는 찬반 양론 모두를 알 필요도 이해할 필요도 없으며, 아주 영리한 비판자들의 궤변과 잘못된 선동을 간파할 수 있는 능력도 필요하지 않다는 것이다. 또 논쟁의 여지에 대해 대답해 줄 수 있는 능력을 가진 사람이 언제든지 있어서 무지한 사람들이 잘못 인도될 염려가 없으면 충분하다는 것이다.

또한 단순한 사람들은 진리의 명확한 근거만을 주입식 교육으로 받아들이고, 그 나머지는 권위자에게 맡기면 되고, 아주 어려운 문제는 해결할 능력도 지식도 없다는 것을 알고 있기 때문에 제기되는 모든 문제는 그러한 과제를 위해 특별히 훈련을 받은 사람들이 해결해왔으며, 또 앞으로도 그럴 것으로 믿으면 된다는 것이다.

이 주제에 대한 위와 같은 관점을, 신념까지도 동반되어야 하는 진리에 대해 어느 정도만 이해해도 충분히 만족해버리는 사람들의 요구에 따라, 최대한 인정한다 해도 토론의 자유를 위한 논쟁을 약화시킬 수는 없다. 이러한 교리조차도 모든 비판에 대해 만족스러운 답변이 있어야 한다는 합리적 확신을 인류가 가져야 한다는 것을 인정하기 때문이다.

답변되어야 할 것들이 자유롭게 토론되지 않으면 어떻게 답변을 할 수 있겠는가? 또는 비판자가 답변에 만족할 수 없다는 것을 드러낼 기회를 갖지 못한다면, 그 답변이 만족스러운지 어떻게 알 수 있겠는가? 일반 대중은 그렇게 하지 못해도 이렇게 어려운 문제를 해결해야 하는 철학자들과 신학자들은 가장 난해한 형식의 어려움에 익숙해져 있어야 한다. 이것은 철학자와 신학자들이 가장 자유로운 상황에 있어야 하며, 그들이 인정하는 가장 유리한 위치에 있지 않으면 성취될 수 없다.

가톨릭은 이 난처한 문제를 나름대로의 방식으로 다루었다. 확신을 가지고 교의를 받아들이는 사람과 신앙으로 받아들이는 사람들을 확연하게 구분하는 방법이다. 그러나 실제로 신자들에게 어느쪽을 받아들일 것인지에 대한 선택권은 없다. 그러나 성직자, 적어도 믿음이 독실한 성직자는 반대자의 논쟁에 답을 하기 위해 정통해야 하므로 반대 의견에 익숙해지는 것이 허용되었으며 가치 있는 일을 하는 것으로 여겨졌다. 따라서 이단자들의 책을 읽을 수 있다.

이에 반해 일반 신도들은 특별한 허락 없이는 이단의 책을 읽을 수 없다. 이러한 훈련은 경우에 따라서는 적에 대해 잘 알고 있는 것이 가르치는 사람으로서는 유익하다는 것을 인정하면서도, 세상의 나머지 일반 신도들은 시종일관 거부되었다. 결국 엘리트들에게는 일반대중들보다 사상의 자유에 대해 더 많은 것을 누릴 수 있게 한 것은 아니지만, 지적 교양을 높일 수 있는 기회를 더 많이 주게되었다.

이러한 방식으로 가톨릭은 목적한 대로 정신적 우월성을 성취하는 데에 성공한다. 비록 자유 없이 만들어진 문화였기 때문에 원대한 자유주의자를 배출하지는 못했지만 유능한 종교적 대변자들을 배출할 수는 있었다.

그러나 개신교를 주장하는 나라에서는 이러한 수단이 거부된다. 개신교에서는 적어도 이론상으로는 각 개인의 책임 아래 종교를 선택하는 것이기 때문이다. 따라서 가르치는 사람에게 모든 책임이 전가될 수 없다. 뿐만 아니라 지금은 교육을 받은 사람들이 읽을 수 있는 저작물을 교육 받지 못한 사람들이 읽지 못하도록 하는 것은 현실적으로 불가능하다. 만약 인류의 지도자들이 알아야 할 모든 것을 인지해야 한다면, 어떤 것이든 아무런 제약 없이 자유롭게 저술되어야 하며 출판되어야 한다.

무기력한 종교적 신념은 해악이다

만약 다수가 인정하는 의견이 진리라면, 자유로운 토론이 행해지지 않더라도 그 의견들의 근거에 대해 잘 모르는 사람이 된다는 것일 뿐 다른 해악은 없을 것이다. 그것은 지적인 측면에서는 해악일지라도 도덕적인 측면에서는 해악이 아닐 수 있다. 인간성에 미치는 영향력을 고려해 보아도 그 의견의 가치가 손상되는 것도 아니다.

그러나 실제로 토론 없이 만들어진 의견은 그에 대한 근거뿐만 아니라 의미 자체도 자주 망각하게 된다. 그 의견을 표현하려 했던 언어들은 의미를 잃어버리거나, 혹은 처음부터 전하고자 했던 의미의 일부분만 넌지시 비출 뿐이다. 선명한 개념과 생명력을 갖춘 신념은 없어지고 암송으로 유지되는 몇몇 구절만이 남게 되는 것이다. 그러나 그것조차도 일부는 껍데기만 남아 있는 것이며 보다 중요한 본질을 잃게 되는 것이다. 이러한 사실들로 가득 차 있는 인류 역사의 위대한 시기는 진지하게 연구되고 성찰되어야 한다.

이러한 사실은 대부분의 윤리적 교의와 종교적 신념을 경험하면서 증명된 것이다. 교의와 신념은 처음 창시한 사람들과 그것을 계승한 제자들에게는 생명력과 의미로 가득한 것들이다. 다른 교의와 신념보다 우월한 위치를 차지하려고 투쟁하는 동안에는, 그들의 생명력과 의미는 계속 유지되어 결코 사라지지 않을 강렬한 것으로 느껴지게 되며, 아마 더욱 철저하게 의식하게 될 것이다.

그리고 마침내 가장 강력한 세력이 되고 나면 일반적인 신념이 되지만, 더 이상의 확장을 멈추기도 한다. 즉 이미 확보된 교의의 기반들은 계속 유지될 수 있으나 더 넓게 확산되지 못하는 것이다. 이 두 가지 결과 중 어느 형태로든 확연해지면 핵심적 논란은 수그러들면서 점차 쇠퇴해 간다.

그 교의는 비록 주류를 형성하는 의견은 못 되지만 주류 중의 하나 또는 전혀 구별되는 의견으로 받아들여진다. 그러한 교의를 지지하는 사람들은 그것을 선택한 것이 아니라 물려받은 것이다. 즉 어떤 교의에서 다른쪽 교의로 전향한다는 것은 지금은 아주 이례적인 것으로 되어 있으나 최초 공언자들은 상상할 수도 있는 생각이었다.

그 교리는 초창기에는 빈틈없는 자세로 지속적으로 세상을 향해 자신들을 옹호하거나, 그렇지 않으면 세상이 자신들에게 굴복하도록 만들었으나 이제는 침묵으로 일관한다. 그리고는 자신들의 신념을 반대하는 논의는 들으려고도 하지 않고 반대자들(만약 그런 사람들이 있다면)과 선의의 논쟁으로 분란을 일으키지도 않는다. 일반적으로 이때부터 이 교리의 생명력은 쇠퇴하기 시작한다.

형식적으로 이해하던 이 교리의 진리에 대해 생생하게 이해하게 되면 그 진리가 신자들의 감정을 사로잡고 실제로 행동을 지배하는 힘을 갖게 된다. 그러나 모든 교리의 지도자들은 신자들의 마음을 그렇게 사로잡는 것이 얼마나 어려운지에 대해 한탄하곤 한다. 신념이 살아남기 위해 분투하는 동안에는 그러한 어려움을 호소하지 않는다. 이 시기는 나약한 투사라 할지라도 무엇 때문에 자신들이 싸우고 있는지, 다른 교리와의 차이점이 무엇인지를 느끼고 알고 있기 때문이다.

모든 교리들이 새로 등장하던 초기에는 신념의 근본 원리를 모든 사상의 형식으로 깨달은 사람들이 적지 않게 나타난다. 그들은 그와 같은 원리들의 중요한 의미에 대해 평가하고 고려하며, 교리가 철저하게 마음을 지배하는 신앙이 되어 인격 형성에 완벽하게 영향을 끼치는 경험을 한다.

그러나 이것이 세습적인 교리가 되어 능동적이 아닌 수동적으로 받아들이는 시기에 이르게 되면, 그 교리에 대해 신앙으로써 제기한 의문점에 대해 강력한 힘을 발휘할 수 있었던 초창기처럼 더 이상 마음을 강력하게 끌어당기지 못한다. 의식만 남거나 그외의 신앙에 관한 모든 것을 잊어버리거나, 신앙에 무감각해지려는 경향이 나타난다. 그것은 마치 개인적 경험을 통해 교리를 실험해보고, 인식하여 깨달음을 얻으려는 필요성을 무시해버리고, 의무감으로만 신앙을 받아들이려는 것과 같은 것이다. 그리고 마침내 인간 내면의 삶과 연결고리로서 존재할 수 있었던 신앙 그 자체가 종지부를 찍게 된다.

오늘날 세계의 모든 시대에 걸쳐 이러한 경우들이 너무 자주 나타난다. 거의 대다수 신앙의 형태에서 교리는 마음 밖에 머무는 것처럼 보인다. 또한 인간 본성에서 아주 고결한 부분에 영향을 끼칠 수 있는 것들을 뒤덮어버리고 경직시키려 한다. 즉 교리를 통해 신선하고 생생한 확신을 얻을 수 있게 하는 것이 아니라 힘만을 과시하며, 교리 스스로 인간의 마음과 심장을 위해서는 아무 것도 하지 않고, 공허하게 마음과 심장 위에 군림하고 있는 것이다.

본질적으로 인간의 정신 즉 상상력, 감성 혹은 분별력에 가장 강력한 충격을 줄 수 있도록 고안된 광대한 교리가, 실현되지도 못한 채 죽어버린 신앙으로 전락한 사례들이 그리스도교의 교리를 지지하는 대다수 신앙인들의 태도에서 잘 드러난다.

내가 여기에서 말하는 그리스도교는 모든 교회와 교파에서 그리스도교로 간주하는 것, 즉《신약 성서》에 담긴 계율과 가르침을 말한다. 스스로 신자임을 고백하는 모든 그리스도 교인들에 의해 신성한 율법으로 수용되는 것이다. 그러나 이 율법을 실천하면서 자신의 행동을 철저하게 규제하고 검증하는 신도는 1,000명 가운데 1명도 없다고 해도 과장이 아니다.

그가 근거로 삼는 모범은 자신의 국가, 계급 혹은 종교적의 관습이다. 따라서 그는 마치 자신의 정부가 따르는 법률처럼, 절대적 유일신에 의해 자신에 내려진 것이라고 믿는 일련의 윤리적 계율을 따른다. 그리고 다른 한편으로는 일상생활 속에서의 판단과 실천에서 어느 길에서는 그 계율에서 벗어나지 않고 또는 크게 달라지기도 하지만 종종 정면으로 부딪치기도 한다. 그러나 전체적으로는 그리스도적 교리와 세속적 삶의 욕망과 유혹 사이에서 타협한다.

그는 절대자가 내린 규율인 첫 번째 기준에는 경의를 표한다. 그러나 실제로 마음을 다해 지키려는 것은 두 번째 기준이다. 모든 그리스도인들은 가장 가난하고 겸손하며 핍박받는 사람들이 축복받은 자들이라고 믿는다. 부자가 천당에 가기란 낙타가 바늘구멍에 들어가는 것보다 더 힘들다. 심판받지 않으려면 다른 사람을 심판하지 말아야 한다. 절대 맹세를 해서 안 된다. 이웃을 자신처럼 사랑해야 한다. 어떤 사람이 속옷을 달라고 하면 겉옷도 내주어라. 내일을 걱정하지 말라. 스스로 완전해지기를 바라면 가진 모든 것을 팔아 가난한 이웃에게 나누어 주어라.

그리스도 교인들이 이러한 것들을 믿는다고 할 때, 위선으로 말하는 것이 아니다. 한 번도 검토된 바는 없으나 언제나 칭송되는 것을 세상 사람들이 믿는 것처럼 그리스도 교인들도 자신들의 교리를 믿는 것이다. 그러나 행동을 규제하는 실질적인 신앙의 측면에서 그들이 믿는 교리는 일상적인 행동에서 벗어나지 않는 기준에 맞추는 것이다.

완전무결한 교리는 적을 공격하는 데 쓸모가 있다. 그래서 사람들이 생각하기에 칭찬받을 만한 행동에 정당한 동기로서(그것이 가능하다면) 교리가 제시되는 것이라고 그냥 믿는다. 그러나 어떤 사람이 그들로서는 도저히 불가능한 것을 계율이 끝도 없이 요구한다고 깨우쳐 주려고 한다면 그는 아무런 실익도 얻지 못한다. 남보다 잘난 척하려는 아주 평판이 나쁜 부류가 될 뿐이다.

일반 신자들에게서 지지를 받지 못하는 교리는 그들의 마음에 아무런 힘을 발휘하지 못한다. 그들은 교리가 들려오면 습관적으로 경의를 표한다. 그러나 그 가르침이 의미하는 것들을 실천하려는 감정이 없으므로 억지로 규범에 순응하려고 한다. 그리고 어떻게 행동해야 될지가 염려될 때는 주변 사람들을 살펴보고 어떻게 예수의 가르침에 복종하는 지를 따른다.

물론 초기 그리스도교의 경우는 전혀 그렇지 않았다고 믿어도 좋다. 만약 그들도 그러했다면 그리스도교는 멸시받는 유대인들의 이름 없는 종교에서 벗어나 로마 제국의 종교로까지 확산되지는 못했을 것이다.

당시 그들을 박해하던 사람들은 이렇게 말했다. '그리스도 교인들이 얼마나 서로 사랑하는지를 보라(오늘날이라면 누구도 이렇게 말하지 못한다.)' 이때 그리스도 교인들은 이후 시대의 어떤 교인들보다 신념의 의미에 대해 더욱 열정적으로 신봉했던 것이 틀림없다.

그렇기 때문에 그리스도교의 세력이 이제는 더 이상 확장되지 않고 있다. 18세기에 이른 지금도 여전히 유럽인과 유럽인의 후예들에게만 교리가 상속되고 있는 것이다. 교리를 철저히 신봉하고 일반인보다 교리에 더 많은 의미를 부여하는 엄격한 종교인들은 오히려 그들 정신을 지배하는 종교적 활동 대부분이 칼뱅(역자 주 : 칼뱅 Jean Calvin 1509~1564. 프랑스 출신의 신학자, 종교개혁가. 스위스에서 주로 활동했다. 신의 예정설을 중심으로 신교의 원리를 체계화했다.), 존 녹스(역자 주 : 존 녹스John Knox 1505?~1572. 스코틀랜드 출신의 신학자. 로마 가톨릭의 사제였으나 칼뱅주의를 추종하면서 스코틀랜드에서 종교개혁을 추진했다.) 또는 그들 비슷한 부류들의 영향을 받은 경우가 대부분이다. 따라서 예수의 가르침을 마음으로는 수동적으로 받아들이지만, 자애롭고 온화한 교훈으로만 들릴 뿐 그 이상의 영향력을 발산하지는 못한다.

어떤 교파의 교리가 널리 공인된 교파의 공통적인 교리보다 더 생명력을 가진 종파로 남으려고 하는지, 또 그 종교의 지도자들이 자신들의 교의를 활성화시키기 위해 왜 그렇게 많은 노력을 하는지에 대해 분명한 이유가 있다는 것은 의심할 여지가 없다. 한 가지 분명한 이유는 특정한 교리는 더 많은 의문점들이 제시되며, 공개적으로 반대하는 사람들로부터 빈번하게 방어되어야 하기 때문이다. 그러나 전쟁터에서 적들이 사라지자마자 종교 지도자는 물론 배우려는 신도들 모두 그 자리에서 잠들어 버린다.

종교가 아닌 일반적인 교리의 경우

일반적으로 모든 전통적 교리들 - 즉, 도덕이나 종교뿐만 아니라 삶에 대한 지식과 지혜 - 에 대해서도 같은 말을 할 수 있다.

모든 언어와 문학에는 무엇을 위해 살아야 하는가, 어떻게 살아야 하는가 등등 삶에 대한 성찰로 가득 차 있다. 즉 성찰이란 대부분의 사람이 알고 있으며, 반복되며, 어쩔 수 없이 듣고 명백한 것으로 받아들이지만, 여전히 대부분의 사람들은 고통스러운 경험을 통해 그것이 현실로 나타났을 때에야 비로소 그러한 의미들을 배우게 된다.

사람들은 전혀 예상할 수 없었던 불행과 절망으로 고통스러울 때가 되면 자신들의 삶과 가장 익숙한 격언이나 명언을 쉽게 떠올린다. 그것은 지금 알게 된 것을 전에 알았더라면 지금과 같은 불행은 당하지 않았을 것이라는 의미이다.

물론 여기에는 토론이 없었다는 것 외에 진짜 다른 이유가 있다. 즉 개인적 경험으로 직접 체험하기 전에는 도저히 그 의미를 깨달을 수 없는 수많은 진리들이 있다. 만약 그 진리를 이해하는 사람들에 의해 찬성과 반대가 논의되는 토론에 익숙했던 사람이라면 그 진리의 의미를 더욱 많이 이해했을 것이며, 마음속에 더 깊은 인상으로 남아 있었을 것이다. 어떤 것을 더 이상 의심할 필요가 없다고 생각하면 더 이상의 논의도 중지해 버리려는 치명적인 성향이 인류가 저지르는 오류의 절반을 낳게 하는 원인이다.

이 시대의 어느 작가는 '결론이 내려진 견해는 깊은 잠에 빠진다.'라고 핵심을 찔러 말했다.

'뭐라고!'(이렇게 물을 수도 있다). 모든 사람이 찬성하는 의견은 진정한 지식이 될 수 없다는 말인가? 진리를 깨닫기 위해 몇몇 사람들이 필연적으로 잘못을 주장해야만 하는 것인가? 보편적인 진리로 수용되면 즉시 생명력과 진실성이 끝나버리는 것인가? 의문의 여지가 남지 않은 주제란 철저히 이해되고 느낄 수 없는 것이란 말인가?

모든 인류가 하나의 의견을 진리로 수용하게 되면, 인류 안에서 멸망해 버리는 것인가? 지금까지 지성의 진보로 이루고자 하는 최선의 결과와 최고의 목표는 가장 중요한 진실을 인식하여 인류 모두가 더욱더 결속되는 것이라고 생각해 왔다. 그런데 그 목표를 성취하지 못해야 지성이 존속할 수 있다는 말인가? 가장 완벽한 승리에 의해 정복의 열매가 소멸한다는 것인가?

나는 그러한 것들을 인정할 수 없다. 인류가 진보하면 더 이상 논쟁할 필요도 없고 의심할 필요도 없는 수많은 교리들이 지속적으로 늘어날 것이다. 그것은 인류의 행복은 논란의 여지가 없어진 진리의 양과 수에 의해 결정된다는 의미이기도 하다. 여러 가지 의문점에 대한 진지한 토론이 중지되는 것은 의견이 정리되는 과정에서 필요한 것들 중의 하나이다. 이렇게 정리된 의견이 진리일 때는 유익하지만, 오류가 될 때는 위험하고 해가 된다.

이렇게 의견의 다양성이라는 경계가 단계적으로 줄어드는 것은 필연적이며 동시에 절대 필요하다는 것은 확실하다. 그렇지만 그러한 과정이 반드시 이익이 될 것이라고 결론을 내려서는 안 된다. 하나의 진리를 더욱 명료하고 생생하게 인식하기 위해서는 반론을 제기하는 사람을 상대로 설명하거나 변호하는 것이 대단히 중요한 도움이 되기 때문이다. 그러나 그러지 못할 경우에는 진리의 보편적 인식을 구하는 데에 대단히 심각하지는 않지만 사소한 결점이 된다는 것은 틀림없다.

이러한 이익을 더 이상 기대할 수 없다면, 나는 인류의 지도자들이 이에 대한 대안을 제시하려고 노력하는 것을 보고 싶다. 즉 다른 교리의 이론가들이 개종을 시키려는 열망으로 상대를 압박하는 것처럼, 그들에게서 가르침을 배우려는 사람들의 의식에 나타나는 의문을 없애줄 그런 방안 말이다.

소크라테스의 변증법

그러나 이런 목적을 위한 대안을 찾으려는 노력은 하지 않고, 과거에 가지고 있었던 것도 잃어 버렸다. 플라톤의 《대화》에 훌륭하게 예시된 소크라테스의 변증법이 이러한 종류의 대안이었다. 본질적으로 철학과 인생의 중대한 문제에 대해 반대 주장을 통한 토론 형식이었다. 일반적으로 공인된 교리의 명백한 의미를 정확히 알지 못하고 단순히 믿고 있다는 것을 일깨워 줌으로써 자신의 무지를 깨닫게 하고, 교리의 의미와 근거로 확실한 믿음을 갖게 하는 데 가장 훌륭한 논리적 대화법이다.

중세기의 학교에서도 이와 유사한 목표로 웅변술을 가르쳤다. 토론을 통해 학생들 자신의 견해와 (필연적 상관관계로 주장될 수 있는) 반대되는 견해를 충분히 이해하게 하고, 자신의 논리로써 반대 의견을 설득할 수 있도록 하는 것이다. 그러나 이와 같은 논쟁에도 치유 불가능한 결점이 있었다. 이성이 아니라 권위적 판단으로부터 논쟁의 대전제를 이끌어냈을 경우이다. 따라서 사고력의 원리로서 소크라테스 철학의 지성을 만들어낸 강력한 대화법에 비해 모든 점에서 뒤떨어지는 것이었다.

지금 우리의 사고력은 이 두 가지 방법으로부터 일반적으로 인정되는 것보다 훨씬 더 많은 영향을 받고 있다. 그러나 교육 방식은 이 두 가지 중 가장 낮은 단계의 학습법도 가르치지 못하고 있다. 선생 또는 책을 통해 모든 지식을 얻어내는 사람은 비록 그가 주입식 공부에 안주하려는 유혹에서는 벗어난다 해도 양쪽 의견을 모두 일부러 알려고 하지는 않는다. 따라서 사상가들 사이에서도 찬반

양론을 취합하여 성과를 만들어내는 것이 드문 일이 되었다.

모든 사람들이 자신의 의견을 옹호해야 할 때 가장 취약한 부분은 반대자에게 답을 제시해야 하는 것이다. 지금의 시대는 부정적 논법 즉 이론적인 약점이나, 경험적 실수 등을 지적하는 것을 나쁘게 바라보려는 경향이 있다. 부정적 비판은 궁극적인 결과를 만들어내기에는 빈약할 수 있으나 모든 가치 있는 긍정적 지식과 확신을 얻어내는 수단으로는 충분히 가치 있는 것이다.

사람들이 이러한 부정적 논법을 다시 체계적으로 훈련받지 못한다면 수학과 물리학적 사고 영역을 제외한 다른 분야에서 위대한 사상가는 극소수에 지나지 않을 것이며, 지성의 수준도 평균 이하로 낮아질 것이다. 어떤 주제에 대해서든 상대방에 의해 강제로 이행되든, 아니면 스스로 행하든 반대자들과의 적극적인 논쟁을 벌이는 과정을 거치지 않으면 지식이라 불릴만한 가치 있는 의견이 될 수 없다.

위와 같은 과정은 정말 필수불가결한 것인데도, 없어져 버린다면 다시 되살려내는 일이란 정말 어려운 일이다. 저절로 주어진 것을 무시해 버리는 것은 얼마나 어리석은 일인가! 일반적으로 공인된 의견에 논쟁을 제시하거나, 법과 여론이 그것을 허용했을 때 그렇게 할 사람이 있다면 우리는 그에게 감사하며, 마음을 열고 그의 의견을 귀담아 들어야 한다. 그리고 우리가 가지고 있는 신념의 생명력과 확신을 중요하게 생각한다면 우리 스스로 엄청나게 노력해야 할 일을 누군가가 대신해주고 있다는 것을 기뻐해야 한다.

공인된 의견과 반대 의견이 모두 진리일 때

다양한 의견이 인류에게 이익을 주는 중요한 근거들 중의 한 가지에 대해 여전히 언급해야 할 것이 있다. 그것은 인류가 현재로서는 아득히 먼 미래의 일로 보이는 지적 진보의 단계로 들어설 때까지는 계속 그러할 것이다.

지금까지 오직 두 가지 가능성만을 검토해 왔다. 한 가지는 공인된 의견이 오류일 때 결과적으로 그것과 다른 의견이 진실인 경우, 두 번째는 공인된 의견이 진실일 때는 반드시 진실에 대해 명확하게 이해하고 깊이 깨닫기 위해서는 반대 오류와의 논쟁이 필수적인 경우이다.

그러나 이것들보다 더 흔한 경우가 있다. 충돌되는 두 가지 교리가 진실과 오류로 구분되는 것이 아니라 부분적으로 진리를 공유하고 있는 경우이다. 즉 공인된 의견이 도저히 구체화시킬 수 없는 진리의 나머지 부분을 보완해 주기 위해 이단적 교리를 필요로 하는 경우이다.

분별력으로는 감지되지 않는 주제에 대해서는 대중의 의견이 일반적으로 진리일 수 있다. 그렇지만 모든 부분이 다 진리일 수는 없다. 많은 부분이 진리일 수도 있고 때는 아주 적은 부분만 진리일 수 있어서 과장되고 왜곡될 뿐만 아니라 (수반되어야 할 또는 제한되어야 할) 진리로부터 동떨어져 있기도 한다.

한편 이단적 견해들이란 대체로 억압당하고 거부된 진리 가운데 일부분이다. 그들은 자신들을 속박하는 굴레를 벗어나기도 하는데, 공인된 의견과의 조화를 모색하거나 또는 상대를 적으로 간주하고 모든 진리들이 그러하듯이 배타적 태도로 무장하기도 한다. 지금까지는 후자의 경우가 빈번했다. 인간의 정신에는 언제나 일면성이 규범으로 되어 있었고, 다면성은 예외가 되어 왔기 때문이다.

따라서 사상의 혁명이 일어나는 중에도 진리의 한 부분이 떠오르면 언제나 다른 진리는 사라진다. 새로운 것이 추가되어야 할 사상적 진보에서조차 대체로 부분적이고 불완전한 진리가 다른 것으로 대체되는 것일 뿐이다. 즉 새로운 진리의 단편들이 원래의 것보다 시대적 요구에 더 부합되고 더욱 필요로 하는 것들을 내포해야 사상적 개량이 가능한 것이다.

우세한 교리가 비록 진리를 근거로 하고 있을지라도 편파적인 성향을 갖기 때문에 공인된 교리에서 누락된 일정 정도의 진리를 구현하려는 다른 교리도 귀중하게 고려되어야 한다. 진리와 뒤섞여 더 많은 오류와 혼돈을 초래한다 할지라도 그렇다.

우리는 진리의 일부분밖에 볼 수 없기 때문에, 우리가 주목해야 할 진실은 높은 곳에서 내려다보듯 해야 한다고 강제한다고 해서 분개할 사람은 없을 것이다. 만약 그가 인간사에 대해 냉정한 비판자라면. 오히려 그는 대중적 진실이 한쪽 면만을 주장한다면, 그와 반대되는 진리 역시 일방적으로 주장하는 사람이 있는 것이 없는 것보다 훨씬 바람직하다고 생각할 것이다. 즉 그들이 주장하는 것이 파편적인 지혜에 지나지 않음에도 불구하고 그것이 마치 전체인 양, 강제로 주목하게 하려는 강력한 에너지를 일상적으로 띠고 있기 때문이다.

새로운 진리의 사례, 루소

18세기에 대부분의 지식인들과 그들을 따르던 모든 비교양인들은 근대 과학, 문학, 철학의 경이로움, 이른바 문명이라고 할 수 있는 것을 찬미하는 데 여념이 없었다. 근대인과 고대인의 차이를 과대 평가하며 그러한 모든 차이점이 그들이 우월하기 때문이라는 믿음을 만족시켰다.

그러나 이때 루소(역자 주 : 루소Jean Jacques Rousseau 1712~1778. 프랑스의 사상가. 인간은 본래 선하지만 사회와 문명 때문에 타락해 간다고 주장했다. 따라서 인간의 삶과 감정을 자연과 일치시켜야 하는 그의 사상은 문명인으로 자처하던 18세기 유럽인들에게 신선한 충격을 주어 루소 열풍이 일어났다.)의 역설이 중심부를 기습하는 폭탄처럼 파열되면서 유익한 충격을 가했다. 촘촘했던 일방적 교리 덩어리를 일시에 흔들어버리고 새로운 요소들을 덧붙여 더 나은 형태로 재결합되도록 만들었다.

당시의 주장들이 전반적으로 루소의 주장보다 진리에 훨씬 미치지 못했던 것은 아니다. 오히려 그 반대로 진리에 더 가까웠다. 오류보다 더 확신할 수 있는 진리를 더 많이 담고 있었다.

그럼에도 불구하고 루소의 교리가 던져지자 여론의 흐름은 그것을 따라 대중 여론이 원하는 어마어마한 양의 진리들과 함께 표류했다. 이것들은 마치 홍수가 지나간 뒤에 남겨진 침전물과 같았다.

즉 인위적인 사회의 위선과 악습이 인간을 타락시키며, 나약하게 만들기 때문에 자연으로 돌아가는 소박한 삶이 훨씬 가치 있다는 사상은 루소의 저술이 발표된 이후로 이성적 인간의 생각에서 사라져 버린 적이 없었다.

지금 이 시간에도 그로 인한 결과들이 나타나고 있다. 또한 더욱더 주장되어 할 필요성이 있으나, 이제는 언어보다 행동으로 보여야 할 것이다. 즉 이 주제에 관한 한 언어로는 그 위력을 다 소진해 버렸기 때문이다.

정치에서도 질서와 안정을 추구하는 정당과 진보와 개혁을 지향하는 정당, 두 가지 모두 건전한 정치체제를 위해 꼭 필요한 요소라는 것은 거의 일반화되어 있는 사실이다. 즉 두 가지 중 어느 하나가 정신적 포용력을 넓게 발휘하여, 폐기해야 할 것들 중에서 보존해야 할 것이 무엇인지를 구별하고 알아낼 수 있을 때 진보와 질서를 함께 추구하는 정당이 존재할 수 있기 때문이다.

이러한 각각의 사고방식은 상대방의 결함에서 자신들의 장점을 추출해내기 때문에 가능하다. 그러나 이성과 건강한 정신으로 각각 유지할 수 있는 것은 상대방의 반대론이 가장 큰 이유이다. 민주주의와 귀족정치, 사유재산과 평등, 협동과 경쟁, 사치와 절제, 사회성과 개별성, 자유와 통제, 그리고 일상생활에서 끊임없이 일어나는 대립되는 주장들이 똑같이 자유롭게 표현되어야 하며, 똑같은 능력과 열정으로 방어되고 옹호되지 않는다면 양쪽 모두 자신들의 장점을 발휘할 기회를 잃어버리게 된다.

즉 저울은 한쪽 추가 올라가면 당연히 반대쪽 추는 내려간다. 진리란 삶에서 극히 실제적인 문제에 관여한다. 즉 반목하는 것들의 견해를 화해시키고 접목시키는 문제이기 때문에 대단히 포용력이 있고 공평한 마음을 갖지 않으면 올바르게 조정할 수가 없다. 그리고 적대적인 깃발 아래에서 투쟁하는 전사들처럼 격렬한 과정을 거치면서 드러나게 될 것이다.

이제 막 열기된 공론화된 아주 중요한 문제들 중 어떤 것에 대한 찬반 의견 가운데 한 가지 의견이 다른 것에 비해 더욱 지지를 받는다고 해서 다른 의견들은 그저 견디어야 하는 것이 아니다. 더욱 격려되고 장려되어야 한다. 왜냐하면 특정한 시대, 특정한 곳에서의 소수 사람들의 의견이기 때문이다. 그것은 어떤 시대의 인간 복지의 측면에서 소외된 관심 분야를 드러내 보여주는 의견이다. 즉 자신들의 몫으로 받아야 할 것들을 얻어내지 못할 위험에 처해 있는 사람들이다.

이 나라(영국)에서는 이러한 주제에 대해 의견이 다른 것을 허용하지 않는 경우가 없다고 알고 있다. 명백하고 다양한 사례들이 그러한 모습을 보여 주고 있는데, 현재 인간의 지적 수준에서는 어떤 사실에 대해 통일된 의견보다는 다양성이 존재한다면 진리의 모든 측면을 공정하게 다룰 수 있는 기회가 생기는 것이다.

어떤 문제에 대해 지구상의 모든 사람들이 명백하게 완전 합의를 한다고 해도 예외를 주장하는 사람들이 있다면 비록 세상 사람들의 의견이 진리라 할지라도 그들의 주장에는 귀 기울만한 가치 있는 내용이 있을 수 있다는 것은 언제나 가능한 일이다. 그들의 침묵에 의해 진리는 무엇인가를 잃어버릴 수도 있는 것이다.

그리스도교의 진리

그러나 이렇게 반박할 수도 있다.

"몇 가지 공인된 교리들, 특히 가장 고귀하고 중요한 가치에 관한 원리들의 절반 이상은 진리이다. 예를 들어 그리스도교의 도덕성은 그러한 주제에 대한 모든 진리를 담고 있다. 만일 누군가가 그것과 반대되는 것을 가르친다면, 그는 전적으로 오류를 저지르는 것이다."

이것은 가장 중요한 사례에 속하는 것으로, 일반적 명제를 시험해 보기에 이보다 더 적절한 경우는 없을 것이다. 그러나 그리스도교의 도덕성이 무엇인지를 공언하기 전에 먼저 그것이 의미하는 것들이 무엇인지를 판단해보는 것이 바람직하다. 만일 그것이 《신약성서》의 도덕성을 의미한다면, 《신약성서》를 근거로 도출해낸 지혜를 도덕성에 관한 완벽한 교리로 만들어 선언했을 수도 있었다는 것은 불가사의할 뿐이다.

복음서는 항상 기존의 도덕률을 기본으로 제시하지만, 더 포괄적이고 더 높은 수준으로 교정되거나 대체되어야 할 특정한 상황에 한해서는 나름대로의 도덕률을 제시한다. 게다가 복음서는 아주 막연하게 표현되어 있어서 종종 문자적인 해석이 불가능하다. 꼼꼼한 법률적 해석보다 시나 웅변과 같은 인상이 더 강하다.

《신약성서》로부터 윤리적 교리의 본질을 추출하는 것은 《구약성서》로부터 보완하지 않고는 불가능하다. 《구약성서》는 실제로는 정교한 체계로 구성되었으나 많은 부분에서는 야만적이며 야만인들을 위해 고안된 것이다.

사도 바울은 예수의 교리에 대한 유대식 해법에 적대감을 선언했다. 그러나 그 역시 그리스와 로마의 도덕률이라고 할 수 있는 기존의 것을 당연히 받아들였다. 그리스도교에 대한 바울의 충고는 아주 중요한 교리의 체제 안에 노예제도를 명백하게 인정하는 것까지를 포함하라는 충고였다.

그리스도교 도덕이라고 하기보다 신학적 도덕으로 불릴 이것은 예수 또는 그의 제자들에 의해 체계화된 것이 아니라 그보다 훨씬 뒤에 생겨난 것이다. 초기 5세기 동안 가톨릭교회에 의해 조금씩 완성되었고, 근대인과 개신교에 의해 맹목적으로 수용되지는 않았지만 그들에 의해 변화된 것은 기대치에 미치지 못하는 정도였다.

실제로 가장 많이 관여한 부분은 중세기에 덧붙여진 내용들을 제거한 것이며, 그들은 그것으로 만족해했다. 각각의 교파들은 자신들의 성향과 특성에 따라 새로운 내용들을 추가했다.

나는 인류가 그리스도교의 도덕률과 최초의 지식인들에게 큰 빚을 지고 있다는 사실을 부정하려는 마지막 인물임이 확실하다. 그러나 나는 주저하지 않고 말할 것이다. 그리스도교 도덕률은 중요한 많은 부분에서 불완전하고 일방적이었다. 그리스도교에 의해 거부되었던 사상과 감정이 유럽인의 삶과 개성을 형성하는 데 기여하지 못했다면 인간은 지금보다 더 열악한 상황에 있게 되었을 것이다. (이른바) 그리스도교의 도덕률은 모든 억압적 성향을 갖고 있다. 많은 부분이 이교도에 대한 억압이었다. 이상은 긍정적이기보다는 부정적이며, 적극적이기보다는 소극적이며, 고귀함보다는 결백이며, 정열적인 선의 추구라기보다 악에 대한 절제이다. 가르침은 (아주 잘 표현되었듯이) '무엇을 하라'가 아니라 '무엇을 해서는 안 된다'는 것이 압도적으로 많다.

육체적 욕망에 대한 공포를 만들어낸 도덕률은 금욕주의를 숭배하게 했다. 그것은 점차적으로 율법주의와 타협하게 만들어 천국에 대한 희망과 지옥으로의 위협을 겨냥함으로써 도덕적 삶으로 이끄는 적절하고 훌륭한 동기가 되었다. 그러나 이것은 가장 뛰어난 고대인보다 더 낮은 곳으로 추락하는 것이다. 인간의 도덕성에 본질적으로 이기적 성향을 부여해 버린 결과가 된 것이었다. 즉, 각각의 개인이 신의 창조물로서 받은 은혜에 대한 의무감을 무시해 버린 것이다.

이것은 본질적으로 수동적인 복종의 교리이다. 모든 기성의 권위에 순종할 것을 가르친다. 그러나 종교를 금하는 명령을 내릴 때는 그 권위에 적극적으로 복종할 필요는 없으나, 아무리 우리 자신에게 해를 끼칠 때에도 그 권위에 저항해서는 안 되며 또한 봉기를 일으켜서도 안 된다. 가장 훌륭하다는 이교도 국가의 교리는 개인의 정당한 자유를 침해할 정도로 국가에 대한 의무를 강조한다. 반면에 정통 그리스도교 국가의 도덕률은 이와 같은 의무를 크게 문제 삼지도 않고 생각하지도 않는다.

'지도자가 어떤 지위에 더 적합한 인물이 있음에도 그보다 못한 사람을 그 자리에 임명한다면 그것은 신과 국가에 대해 죄를 짓는 것이다.' 라는 교리를 우리는 《신약성서》가 아닌 《코란》에서 읽을 수 있을 뿐이다. 그나마 근대 도덕성에 포함되어 있는 시민에 대한 의무라는 개념을 인식한 것은 그리스도교가 아니라 그리스와 로마 시대였다.

일상생활에서 개인의 도덕률 즉 관대함, 고결함, 존엄, 명예심까지 종교적 교육으로가 아니라 순수한 인간성으로부터 얻어진 것들이다. 이것들은 복종만을 서약하는 것이 유일한 가치라는 윤리적 기준으로부터는 결코 생겨날 수 없다. 나는 이러한 결점들이 그리스도교 윤리에 불가피한 것이라고 인정해버릴 생각이 전혀 없다. 그러나 완전한 도덕적 교리에 필요한 많은 부분들이 그리스도교 윤리에 결여되어 있으나, 가능한 여러 가지 방법으로 조화시킬 수 있다는 것을 부정하지는 않는다.

나는 예수 자신의 교리와 가르침을 명확하게 알 수 없다. 그것들이 의도한 어떤 증거는 보지 못하지만 오직 내가 믿는 것은 그의 말 전부이다. 그의 교리와 가르침은 포괄적인 도덕성이 요구하는 어떤 것과 조화되지 않을 것이 없다. 예수의 교리로부터 어떤 실천적 행동 체계를 끌어내려고 시도했던 사람들에 의해 예수의 말이 왜곡되지만 않는다면 윤리적으로 뛰어난 모든 요소들은 예수의 가르침 안에서 건져낼 수 있다.

그러나 이것이 딱 들어맞는 말은 아니지만, 그리스도교의 도덕률은 진리의 일부만을 담으려고 했으며, 진리의 일부만을 담고 있다. 그리스도교 창시자의 기록된 말씀 안에 최고의 도덕률에 필요한 본질적 요소들이 제시되지 않았으며, 또한 제시하려고 의도하지 않았기 때문이다. 오히려 그리스도교 교회에 의해 체계화되고 정립된 교리 속에는 예수의 말이 담고 있었던 본질적인 요소들이 내팽개쳐졌다.

이러한 이유로 나는 우리에게 지침이 되는 완벽한 규율을 그리스도교 교리 안에서 찾으려고 고집하는 것은 중대한 실수라고 생각한다. 그 교리를 만든 사람들은 완벽한 것을 만들고 실행하려 했으나 단지 부분적으로만 제시했을 뿐이다. 나는 이러한 편협한 이론이 현실적으로 파멸적인 해악이 되고 있다고 믿는다. 수많은 뜻 있는 사람들이 스스로를 격려하며 오랫동안 노력해온 도덕적 훈련과 가르침의 가치를 더욱 손상시키고 있다.

난 인간의 정신과 감성을 오로지 종교적 틀로 형성하려는 시도들을 매우 두렵게 생각한다. 그러한 시도들은 세속적인 기준(종교인들이 그렇게 말하기 때문에)을 폐기해 버린다. 이것들은 지금까지는 그리스도교의 윤리를 보완하면서 함께 공존되었던 것들이다. 그러나 일부는 수용되었지만, 일부는 강제하듯 주입된 것이다. 이것은 결국에는 저급하고, 비굴한 노예적 성향의 인간들을 배출하게 될 것이며, 지금 그러한 결과들이 나타나고 있다. 그들은 최고의 의지(신)라고 생각되는 것에는 복종할 것이나, 최고선의 개념을 공감하거나 실천할 수 있는 능력이 없다.

나는 그리스도교에 바탕을 두지 않고 발전시킬 수 있는 어떤 교리도 인류의 도덕적 개선을 위해서는 그리스도교 윤리와 함께 공존해야 한다고 믿는다. 인간의 정신이 아직까지는 불완전하기 때문에 다양한 의견을 허용해야 진리에 유익하다는 원칙에서는 그리스도교 역시 예외일 수는 없다.

그리스도교 교리에 없는 도덕적 진리를 인정한다고 해서 그리스도교 교리가 부정되는 것은 아니다. 그러한 편견이나 실수가 일어났을 때는 우리 모두에게 해가 된다. 그 폐해는 언제든지 우리가 대처할 수 있을 것이라 기대할 수도 없으며, 헤아릴 수 없을 만큼 큰 이익을 얻을 수 있다면 감당해야 할 것이다.

진리의 일부를 진리 전체로 만들려는 배타적 요구는 당연하게도 비판되어야 한다. 또한 이러한 반동적 충동으로 일어난 비판가들이 이번에는 불공정해져서, 다른 의견들처럼 일방적이라면 유감스러운 일일 것이다. 그러나 그것에 대해서는 관대해져야 한다.

만약 이교도들이 그리스도교를 공정하게 대하도록 인도하고 싶은 그리스도교 신자가 있다면, 그들 스스로가 이교도에게 공정해야 한다. 역사와 문학에 대해 지극히 단편적인 지식만을 가진 사람일지라도, 가장 고귀하고 가치 있는 도덕적 가르침의 많은 부분이 그리스도교 신앙에 대해 전혀 모르는 사람들뿐만 아니라, 잘 알면서도 거부한 사람들의 업적이었다는 것을 잘 알 것이다. 그러한 진실에 대해 눈감아 버리면 그것은 진리에 도움이 되지 않는다.

공공 토론에서 지켜져야 할 도덕성

다양한 의견들을 마음껏 자유롭게 토론할 수 있게 함으로써 종교적 또는 철학적 분파주의로 인해 생겨나는 해악을 일시에 제거할 수 있다고 주장하려는 것은 아니다. 편협한 인물이 열성적으로 고려하는 진리들은, 이들에 의해 주장되고, 가르쳐지고, 여러 방법으로 실천에 옮겨지고 있을 것이다. 그것은 이 세상에 존재하는 유일한 진리로서 최고의 가치를 가지기 때문에 제한할 수 있는 것은 아무것도 없다고 생각하기 때문이다.

자유로운 토론으로 이렇게 분파주의를 형성할 기류를 가진 모든 교의들을 근본적으로 막을 수 없다는 것은 나도 알고 있다. 오히려 그로 인해 때로는 더욱 고조되고 악화될 것이다. 당연히 받아들여질 수 있는 진리인데도 불구하고 적으로 생각되는 사람에 의해 주장되었다는 이유로 더욱 폭력적으로 거부되어 진리가 되지 못한 경우들을 보았기 때문이다.

　그러나 이와 같은 의견 대립에서 가장 유익한 효과를 모색하는 사람들은 열렬한 종파주의자들이 아니라 침착하고 무관심한 듯한 방관자들이다. 그들이 진리의 일부를 은밀하게 억압하는 것은 부분적 진리들 사이에서 일어나는 격렬한 투쟁보다 더 가공할 만한 폐해이다.

　시민들이 억지로라도 양쪽 의견을 다 듣게 된다면 언제라도 희망이 있는 것이다. 즉 한쪽 의견만 들으려고 했을 때, 오류는 편견으로 굳어지고, 진리는 거짓으로 과장되어 그 자체로서의 효과를 잃게 되는 것이다. 두 가지 측면의 의견 사이에서 지적인 판단을 내릴 수 있는 현명한 재판관 같은 정신적 속성은 정말 만나기 어렵다. 오직 한 사람에 의해 옹호되는 의견은 진리가 될 기회가 없다. 그러나 여러 측면에서 옹호되었을 때는 가능하다. 즉 단편적인 진리를 내포하고 있는 모든 의견은 주창자에 의해 발견되는 것이 아니라, 들으려고 하는 사람들이 많아질수록 더욱 옹호되는 것이다.

　이제 우리는 사상의 자유와 언론의 자유가 네 가지 명백한 이유에 의해, 인류의 정신적 복지(다른 모든 복지의 조건이 되기 때문에)를 위해 반드시 필요하다는 것을 확인했다. 이제 그것들을 간단히 정리해 보려고 한다.

첫째, 만약 어떤 의견이 침묵을 강요당한다면 그것에 대해 확실하게 알 수는 없지만, 진리일 수도 있다. 이것을 부정하려는 것은 자신이 절대 오류가 없다는 것을 전제하는 것이다.

둘째, 비록 침묵 속으로 사라진 의견이 오류일 수도 있으나, 일정 부분은 진리를 포함하고 있을 수 있으며, 실제로 그런 경우가 많다. 어떤 주제에 대해 다수가 지지하는 의견 또는 일반적으로 인정된 의견은 완벽한 진리가 아닐 수 있다. 비판적 의견들의 대립으로 그 나머지 진리들이 보충될 수 있는 기회가 있어야 한다.

셋째, 비록 일반적으로 인정된 의견이 진리이며, 또한 완벽한 것이라 해도 그것 또한 활발하고 진지한 토론으로 검증될 수 있어야 한다. 그렇지 않으면 그 의견을 수용하는 사람들은 그 진리에 대한 합리적 근거를 거의 이해하지 못하거나 느끼지 못한 채 편견을 갖게 되는 것일 뿐이다.

넷째, 자유 토론이 없다면 그 교의가 가진 의미는 미약해져서 사라져 버릴 위험까지 있다. 또한 인격 형성과 행동에 기대할 수 있는 영향력도 없어지는 것이다. 따라서 선을 행하려는 데는 아무런 영향력이 없는 그저 형식적인 고백에 지나지 않는 교의가 된다. 뿐만 아니라 교리의 근거를 흔들어 버림으로써 이성 또는 개인적 경험을 바탕으로 한 생생하고 진심어린 신념을 갖게 되는 것을 방해한다.

사상과 토론의 자유라는 주제를 끝내기 전에, 몇 가지 주목해야 할 것이 있다. 모든 의견의 자유로운 표현은 일정한 조건으로 제한되어야 한다고 주장하는 사람이 있다. 토론의 태도에 있어서 절제가 있어야 하며, 공평한 토론의 범위를 넘어서지 않아야 한다는 것이다.

그러나 공정한 범위를 어느 부분에 맞출 것인지를 결정하는 것은 거의 불가능한 것으로 말해지고 있다. 만일 자신의 의견이 잘못되었다고 반박되었을 때 모욕감을 느끼는 것을 범위의 기준으로 본다면, 내 경험상 이렇게 증명할 수 있다. 공격이 거세고 강력하면 할수록 모욕감을 느끼게 될 것이며, 또한 모든 반대자가 강도 높게 몰아붙여 답변을 하기에 어려운 사람일수록 더욱 모욕감을 느끼게 되어 그 주제에 대해 거친 감정 표현을 드러내 보이면 난폭한 반대자로 보인다는 사실이다.

비록 이것이 현실적인 관점에서 바라볼 때 상당히 고려해야 할 부분이지만 아주 근본적인 결함을 안고 있다. 어떤 의견을 강하게 주장하는 태도는 비록 그것이 진리라 할지라도 아주 불쾌하게 여겨질 수 있으며, 당연히 혹독한 비판이 제기될 수 있다는 것은 의심의 여지가 없다. 그러나 확신에 차서 우발적으로 드러내려고 하지 않는 한 거의 불가능한 그런 종류의 불쾌한 태도가 있다. 가장 심각한 것은 반대편의 의견을 거짓으로 선전하고, 사례를 잘못 전달하거나, 논쟁과 사실들을 은폐시키고, 궤변적 논쟁을 펼치는 것이다.

이 모든 것들이 완벽하고 선한 신앙이라는 이름 아래 지속적으로 행해져서 가장 험악한 단계에까지 이르렀다. 또한 여러 관점에서 무지하거나 무능하다고 할 수 없는 사람들에 의해 자행되고 있기 때문에 이러한 행위가 도덕적으로 죄를 짓는 허위진술이라고 낙인찍을 수 있는 정당한 근거를 찾는 것은 거의 불가능한 일이다. 더구나 논쟁의 여지가 있는 이런 종류의 부당한 사례에서 법이 중재할 수 있는 것은 거의 없다.

흔히 과도한 토론으로 여겨지는 악담, 냉소, 인신공격 등 상대를 위협하는 무기와 같은 것들을 논쟁 당사자들 양쪽 모두에게 금지할 것을 제안한다면 충분히 공감을 불러일으킬 것이다. 그러나 실제로는 우세한 의견을 반대하는 사람을 억압하는 데 사용하고 싶어 할 뿐이다. 반대로 소수의 의견에 대해서는 아무런 비난도 받지 않고 사용된다. 뿐만 아니라 그렇게 행동한 사람들을 순수한 열정과 의로운 분노를 가진 것으로 칭찬하곤 한다.

이런 방식으로 일으키는 해악 중 가장 나쁜 것은 비교적 방어 능력이 없는 사람들에게 행해질 때이다. 이렇게 옹호된 의견은 어떤 부당한 이익이 발생되어도 거의 배타적인 일반 여론이 되어 버린다. 토론하는 사람이 저지를 수 있는 가장 나쁜 해악은 반대 의견을 가진 사람을 사악하고 비도덕적인 인물로 낙인찍어 버리는 것이다. 대중적이지 않은 의견을 가진 사람들이 특별히 이러한 비방에 비교적 잘 노출된다. 그들은 일반적으로 소수이며 영향력이 없기 때문이며, 또한 그들이 정당하게 대우받는지를 관심 있게 바라볼 사람들이 그들 자신들 외에는 없기 때문이다.

그러나 세상 이치가 그러하듯 우세한 의견을 비난하려는 사람들은 이러한 공격을 자제해야 한다. 그들 자신도 안전할 수 없을 뿐만 아니라, 설령 가능하다 할지라도 오히려 그들 자신에게 부메랑으로 되돌아올 수 있기 때문이다. 일상적으로 용인된 것들을 반대하는 의견은 충분히 절제된 언어를 구사하고, 불필요한 자극을 주지 않도록 신중하게 고려해야 발언할 수 있는 기회를 얻을 수 있다. 또한 한편으로는 자신들이 주장하는 의견의 근거를 잃지 않으려면 최소한의 단계조차 벗어나서는 안 된다.

그러나 이와 반대로 우세한 의견 측에서는 반대 의견을 피력하려는 사람을 과도한 독설로 확실하게 저지시킴으로써 다른 사람들도 반대 의견을 들을 수 없도록 만들어 버린다. 그러므로 올바른 진리와 정의를 위해서는 독설적인 언어 구사를 금지하는 것이 무엇보다 중요하다. 예를 들어 두 가지 중 하나를 택해야 한다면, 정통 종교보다는 이교도에 대한 모욕적 공격을 금하는 것이 더 필요하다고 말할 수 있겠다.

그러나 두 가지 상황 중에서 어떤 경우라도 법과 권력이 금지할수 없다는 것은 명확한 사실이다. 그렇지만 모든 상황에 대한 견해는 결정되어야 하며, 그것은 개별적 문제에 따라 판결이 달라질 수 있을 것이다. 즉 논쟁에서 어느 쪽을 옹호하든지, 어떻게 해주기를 주장하는 태도에서 공정성을 잃어 버리거나 악의적이거나, 편협함, 불관용의 감정을 확연하게 드러내는 사람은 그가 누구든지 비난해야 한다.

그러나 우리 자신의 문제에 대해 반대하는 입장의 사람이라고 해서 이와 같은 결점을 가졌을 것이라고 추론해서는 안 된다. 반대하는 사람이 누구이든 그가 주장하는 의견이 무엇인지 침착하게 지켜보고, 성의를 다해 평가할 수 있으며, 자신에게 이익이 될 수도 있고 불리할 수도 있을 모든 의혹들을 전혀 과장하지 않는 사람이 있다면 그가 누구든 존경받을 만한 사람이다.

이것이 공공 토론에서 유지되어야 할 진정한 도덕성이다. 도덕성이란 종종 어지럽혀지기도 한다. 그러나 그때마다 많은 토론자들이 이것을 지키려 할 것이며, 더 많은 사람들이 양심적으로 분투하고 있다고 생각하면 참으로 행복하다.

1   이 글을 쓰고 있던 1858년에 마치 강력하게 반박이라도 하려는 듯, 정부가
언론 규제법을 발표했다. 그러나 공적 토론의 자유에 대한 무분별한 간섭에
도 불구하고 내 글을 한 자도 고치지 않았다. 또한 일시적인 공황 상태를 제
외하고는 정치적 토론에 대해 억압과 처벌을 가하는 시대는 이미 지나갔을
것이라는 나의 믿음도 흔들리지 않았다.

    왜냐하면 첫째, 그러한 규제가 계속 진행되지 않았고, 둘째 엄격하게 말하
면 정치적인 처벌이 아니었기 때문이다. 정치제도에 대한 비판이나 통치자의
행위나 주변 인물에 대한 공격이 아니라 폭군을 살해한 것에 대한 정당성을
유포시키는 부도덕한 주장이었다.

    이번 장의 논의가 조금이라도 타당성이 있으려면, 비록 윤리적으로 부도
덕한 신념이라 할지라도 그것을 표현하고 토론할 완전한 자유가 주어져야
한다. 따라서 여기에서 폭군 살해에 대한 주장이 과연 부도덕한가에 대해 생
각해 볼 여지가 있는 것인지는 지금의 논의와 큰 관계가 없다. 다만, 내가 다
루고 싶은 것은 다음과 같은 문제이다.

    먼저 이 주제는 지금까지 논의되고 있었던 도덕적 미해결 문제 중의 하나
였다는 것을 밝히고자 한다. 스스로를 법보다 높은 위치에 놓아둠으로써 법
적 제재와 처벌을 받을 수 없는 범죄자들을 시민의 자격으로 처단하는 행동
은 전체 국가적 측면에서 그리고 가장 현명하고 선한 사람들의 견해에 의해
범죄가 아닌 고결한 도덕적 행위로 여겨져 왔다는 것이다. 또한 그 행위가 옳

든 그르든 간에 암살이 아닌 내란으로 규정함으로써 논쟁이 지속되고 있다는 것이다.

나는 그러한 일을 선동하는 것이 특수한 경우에는 처벌의 대상이 될 수도 있다고 생각한다. 다만 그러한 행위의 인과관계가 명백하게 입증되는 경우에만 가능하다. 또한 그러한 경우도 국가에 대한 도전 행위에 대한 자기 방어로서 처벌을 할 수 있는 유일한 주체는 공격을 받은 정부 자신이다. 외국의 정부는 개입할 수 없는 문제이다.

2 열성적 신앙심을 가진 사람이 박해를 시도했을 때 저지르는 행위에 대해 우리는 주의할 필요가 있다. 인도에서 세포이 반란이 일어났을 때 영국 국민들의 가장 나쁜 성향이 함께 뒤섞여 드러났다. 광적인 신도나 교회 협잡꾼들의 연설은 주의를 기울일 필요가 없을 것이다. 그러나 복음교회의 지도자들이 힌두교와 이슬람교도들을 통제하기 위해 성경을 가르치지 않는 학교는 공적 자금을 지원받을 수 없다고 선언했다. 이것은 결국 그리스도교 신자이거나, 교회를 다니는 척이라도 하지 않는 사람 외에는 공직에 임용될 수 없다는 것을 의미한다.

국무차관이라는 사람은 1857년 11월 12일에 자신의 선거구 주민들에게 연설하면서 다음과 같이 말했다.

'영국 정부가 인도인의 신앙(영국 국민 중 1억의 신앙), 즉 그들이 종교라고 일컫는 미신에 대해 관용을 베푼 것이 대영제국의 이름을 널리 세상에 떨칠 수 있는 기회를 마련하는 데 방해가 되었으며, 그리스도교의 확장에도 해를 끼쳤다. …… 관용은 이 나라 종교적 자유를 발전시키는 데 중요한 초석이었다. 그러나 인도인이 관용이라는 의미를 남용하도록 허용해서는 안 된다.'

관용이란 동일한 기원을 경배하는 모든 그리스도 신자들에게 완전한 종교의 자유를 의미하는 것이다. 그것은 오직 하나의 매개자를 믿는 그리스도교의 모든 종파와 교파에게 주어지는 것을 뜻한다. 나는 자유로운 내각제가 실시되는 이 나라에서 정부의 고위 관리에 적임자라고 할 수 있는 사람이 그리스도의 신성을 믿지 않는 사람에게는 관용을 베풀 수 없다고 주장하고 있다는 사실에 관심을 가져야 한다고 본다. 이렇게 어리석은 주장이 펼쳐지고 있는데 종교적 박해는 이미 과거의 일이며, 결코 다시는 되풀이되지 않을 것이란 환상에 빠져들 수 있겠는가?

제 3 장

복지의 한 가지 요소인 개별성에 관하여

Of Individuality, As One of The Elements of Well-Bein

자신의 행동에 대해 책임질 때 가능한 자유

지금까지는 자유롭게 의견을 형성하고, 거리낌 없이 그 의견을 표현하는 것이 반드시 필요한 이유를 설명했다. 또 이런 자유가 허용되지 않거나 금지된다 해서 자유를 주장하지 않는다면 인간의 지성에 악영향을 끼치게 될 것이며, 그로 인해 도덕적 본성에도 똑같은 결과를 가져오게 될 것이라고 했다.

이와 동일한 맥락에서 이번 장에서는 자신의 의견에 따른 자유로운 행동의 필요성을 검토할 것이다. 즉, 자신의 행동에 대한 책임과 위험을 스스로 감당한다면 이웃들로부터 육체적, 정신적 방해를 받지 않고 자기 의견에 따라 자유로이 행동할 수 있다는 것이다.

물론 자신의 행동에 대한 책임과 위험을 스스로 감당한다는 조건은 절대적으로 필요하다. 무작정 행동이 의견만큼이나 자유로워야 한다고 주장할 수는 없다. 반대로 자유로운 의견일지라도, 표현이 되었을 때 적극적으로 해로운 행위를 유발하게 된다면 다른 사람의 간섭을 받지 않아도 될 권리는 잃어버리게 된다.

예를 들어, 미곡상이 빈민들을 굶어죽게 만든다거나, 사유재산은 도둑질을 한 것이라는 식의 의견을 오직 출판물을 통해 주장하고 있다면 억압해서는 안 된다. 그러나 쌀가게 앞에 모여 있는 흥분한 군중을 향해 선동적인 말로 표현하거나 플래카드로 전할 때는 당연히 처벌받는 것이 옳다.

어떤 종류이든 정당한 이유 없이 타인에게 해를 끼치는 행위라면 반대되는 생각에 의해 억제될 수 있어야 한다. 그것이 보다 더 중대한 사안일 경우라면 마땅히 그렇게 되어야 하며, 필요에 따라서는 사회 전체가 적극적으로 개입하여 억제해야 한다. 개인의 자유는 이런 정도까지만 제한되어야만 한다. 즉, 타인에게 성가신 존재가 되어서는 안 된다는 것이다.

하지만 다른 사람과 관련된 일에서는 아무런 해를 끼치지 않기 위해 조심하고 단지 자신과 관련된 일에 있어 자신의 성향과 판단에 따라 행동한다면, 의사 표현은 자유로워야 한다는 동일한 논리에 따라, 자신의 책임 하에 자신의 의견을 행동에 옮기는 것도 방해받지 않아야 한다는 것은 명백하다.

인간이 무오류의 존재일 수는 없다. 그들이 주장하는 진리는 대부분 반쪽의 진리일 뿐이며, 충분하고도 자유로운 비교를 통해 일치된 의견이 아니라면 바람직하지도 않다. 또한 진리의 모든 측면을 인식하는 인간의 능력이 지금보다 훨씬 향상될 때까지는, 다양한 의견이 악이 아닌 선이라고 간주될 때, 의사 표현의 자유만큼이나 모든 행동 양식에도 자유가 적용될 수 있다.

인류가 여전히 불완전한 존재로 남아 있는 한, 다양한 의견이 유익한 것처럼 다양한 형태의 생활 방식도 유익하다. 타인에게 해를 끼치지 않는 범위 내에서는 다양하고 자유로운 행동 양식이 허용되어야 한다. 또한 누구라도 자신에게 맞는 생활 방식을 시도하여 실제로 다양한 여러 가지 생활 방식들이 가치 있다고 증명되는 것이 유익하다.

요약하자면 타인과 관련되지 않은 일에 있어서는 당연히 개별성이 주장되어야 한다. 개별적인 성향이 아닌, 다른 사람들의 전통이나 관습이 행동 규범으로 정해진 곳에서는 인간 행복의 주요 요소들 중의 하나이며 개인과 사회의 발전에 중요한 것이 결여되어 있는 것이다.

개별성에 대한 무관심

이와 같은 원칙을 주장할 때 부딪치게 되는 최대의 난관이 있다. 사람들이 널리 인정된 목표에 도달하기 위한 수단을 파악하지 못하는 것이 아니라, 목표 그 자체에 대해 무관심하다는 것이다. 만약 각 개인의 자유로운 발전이 복리의 핵심적인 본질 중의 하나이며 문명, 훈련, 교육, 교양 등이 의미하는 것과 대등한 요소일 뿐만 아니라, 그 자체가 이러한 모든 것들의 필요조건이라는 사실을 인식할 수만 있다면 자유가 과소평가될 위험은 없다. 동시에 자유와 사회적 통제 사이의 경계를 조정하는 데에 있어서도 심각한 어려움은 없을 것이다. 그러나 불행하게도 일반적인 사고방식에서는 개인의 자발성이 본질적인 가치를 갖고 있으며 그 자체로 존중되어야 한다고 인식되지 못하고 있다.

현재의 생활방식에 만족하는 대다수의 사람들은(그들 스스로가 현재의 생활방식을 만들었기 때문에) 그 생활방식이 모든 사람들에게 충분히 좋은 것이 아니라는 이유를 이해하지 못한다. 더욱이 자발성은 대다수의 도덕적, 사회적 개혁자들이 내세우는 이상의 일부분으로도 취급되지 않는다. 오히려 이들 개혁자들은 자신들의 판단에 따라 인류를 위한 최선의 것을 제시하여 사람들로 하여금 받아들이도록 하는 데 방해가 되는 장애물로 경계한다.

뛰어난 학자이자 정치가로서 탁월했던 빌헬름 폰 훔볼트(역자 주 : 훔볼트Karl Wilhelm von Humboldt 1767~1835. 독일의 휴머니스트, 정치가, 언어학자이다. 1789년 파리를 방문한 뒤 프랑스 대혁명의 충격을 받고 쓴 책이《정부의 영역과 의무》이다. 피히테와 헤겔의 국가이론에 반대한 내용이다. 밀은 인간의 개성은 존중되어야 하며, 도덕적 성품 역시 독자적으로 발전시켜야 한다는 훔볼트의 주장이《자유론》을 쓰게 한 동기가 되었다고 자신의 자서전에 밝히고 있다.)가 논문의 주제로 삼았던 다음과 같은 주장을 독일 이외의 지역에서는 파악조차 하지 못하고 있다.

"인간의 목표는, 모호하거나 변하기 쉬운 욕망에 의해 막연히 암시되는 것이 아니라 영원불변한 이성적 명령에 의해 규정되는 것으로서, 인간의 여러 능력을 가장 조화롭게 최고도로 발전시켜 하나의 완전한 전체를 형성하는 것이다. 그런 이유로 모든 인간은 끊임없이 그것을 추구하기 위해 노력해야 한다. 특히 이웃들에게 영향력을 끼치고자 하는 사람이 항상 기억해야 할 것은 '진취적이고 발전적인 개별성'이다. 여기에는 '자유 및 환경의 다양성'이란 두 가지 필요조건이 있으며, 이 조건들의 결합을 통해 '개인의 활력과 풍부한 다양성'이 생기며 다시 이 둘이 결합하여 독창성이 생기는 것이다." 저자 주 1

개별성을 발전시킬 수 있는 조건

그러나 사람들은 폰 훔볼트의 학설 같은 것에 익숙하지 않다. 또 개성의 높은 가치를 알아내는 것이 상당히 놀라운 일이라고는 여기지만 그저 정도의 차이에 지나지 않는 것이라고 생각한다. 각각의 행동 영역에서 남의 행동을 모방하는 것 외에는 개별성에 문제될 것은 없다고 생각한다. 어느 누구도 자신의 생활방식이나 자신에 관한 문제에 자신의 판단이나 성격을 조금도 개입시켜서는 안 된다고 주장하지는 않을 것이다.

반면에 태어나기 전에는 마치 이 세상에 대해 알고 있었던 것이 전혀 없는 것처럼 혹은 어떤 생활방식 혹은 행동양식이 다른 방식보다 낫다는 것이 증명된 바를 한 번도 경험하지 못한 것처럼 살아야 한다고 주장하는 것은 어리석은 일이다. 인류는 경험에 의해 확인된 결과로부터 좋은 지식을 얻어낼 수 있도록, 젊은 시절에 가르침을 받고 훈련되어야 한다는 것은 누구도 부정하지 못한다.

그러나 자신의 방식대로 경험을 살려 활용하고 해석하는 것은 여러 가지 능력이 원숙해진 사람에게나 정당한 조건이며 특권이다. 과거의 기록에 나타난 어떤 경험이 자신의 환경과 성격에 맞게 적용될 수 있을지를 찾아내야 한다. 다른 사람들의 전통과 관습은 어느 정도 그들의 경험이 '그들 자신에게' 무엇을 가르쳤는가를 말해주는 증거이다. 그러나 그 경험은 추정해볼 수 있는 증거로서 그저 어느 정도 참고할 만한 것일 뿐이다.

그 이유는 첫째, 그들의 경험이 너무 편협한 것일 수도 있으며 올바르게 해석하지 못했을 수도 있다. 둘째, 경험에 대한 해석이 정확했다 해도 자신들에게 어울리지 않는 것일 수도 있다. 관습은 관례적인 환경과 특수한 상황 속에서 만들어지지만 우리의 환경과 상황 속에서는 일상적인 것이 아닐 수도 있다. 셋째, 관습이 우리에게 좋고, 적당한 것일지라도 관습을 '다만 관습으로서' 따르게 되면 인간이 가진 고유한 천부 재능 중 어느 것도 교육하고 발전시킬 수 없게 된다.

지각, 판단, 식별력, 정신활동, 심지어 도덕적 선호까지 포함된 인간의 능력은 오직 선택이라는 행동을 거듭할 때에만 연마된다. 관습이기 때문에 무엇이든 따른다면 아무런 선택도 하지 않는 것이 된다. 그런 사람은 무엇이 최선인지를 판별하거나, 원할 때 필요한 훈련을 하지 못하는 것이나 다름없다. 근육과 마찬가지로 정신적, 도덕적인 힘은 사용되어야만 비로소 향상된다. 단순하게 남들을 따라하는 것으로 능력이 발휘되기를 기대할 수는 없다. 이것은 남들이 무언가를 믿고 있기 때문에 나도 그것을 믿는다는 것과 같다.

만약 어떤 의견의 근거가 자신의 이성에 비추어 합당하지 않음에도 불구하고 그 의견을 취한다면 그의 이성적 능력은 강화되기는커녕 오히려 악화되기 쉽다. 그리고 만약 어떤 행동의 동기가 자신의 감정이나 성격과 다르게 진행된다면 (타인의 애정 혹은 권리에 개입하지 않는 상태에서) 자신의 감정과 성격을 활발하고 적극적으로 만드는 것이 아니라 무기력하고 소극적으로 만드는 요인이 된다.

자신의 생활을 스스로 선택하지 않고, 세상이나 자신이 살고 있는 세계의 일부가 선택하도록 내버려 둔다면 원숭이의 모방 능력 이외의 다른 어떤 능력도 필요하지 않을 것이다. 자기 스스로 생활을 설계하고 선택하는 사람은 자신의 모든 능력을 발휘하게 된다. 무엇인가를 알아보는 관찰력, 앞날을 예측하려는 추리력과 판단력, 결정에 필요한 자료를 수집하는 활동력, 결정을 내리기 위한 식별력을 구사해야 한다. 또한 일단 결단을 내렸을 때, 자신의 신중한 결정을 지키려는 확고한 의지와 자제력도 발휘해야 한다.

이렇게 실천하는 과정에서 자신의 판단과 감정에 따라 행동을 결정하는 정도에 정비례하여 그러한 능력을 필요로 하게 되고 또한 행사할 수 있게 된다. 물론 이와 같은 자질이 결여되어 있다 해도 나쁜 길로 빠지지 않고 좋은 길로 인도될 수 있을지도 모른다. 하지만 한 인간이 다른 인간과 구별되는 가치는 무엇일까? 그 사람이 무엇을 하는지 뿐만 아니라 그것을 어떤 태도로 하는지가 역시 중요한 것이다.

인간의 삶에서 완성과 아름다움을 위해 활용될 수 있는 것들 중에서 가장 중요한 것은 분명 인간 자신이다. 집을 짓고, 곡식을 재배하고, 전쟁을 하고, 소송을 하고 교회를 건립하고, 기도하는 것까지 기계-즉 인간의 모습을 한 자동기계에게 시킬 수 있다고 가정해 보자. 오늘날 비교적 문명화된 세계에 살고 있으나, 대자연의 산물 중에서 아주 빈약한 표본에 불과한 남자와 여자일지라도 이와 같은 자동기계와 바꾸어진다면 상당한 손실이 올 것이다.

인간의 본성은 어떤 틀에 맞추어 만들어져 미리 정해진 일을 정확히 하도록 설정되어 있는 기계의 그것이 아니다. 인간은 하나의 나무처럼, 생명을 불어넣는 내면적인 힘의 방향에 따라 여러 면으로 스스로 성장하고 발전하려는 존재인 것이다.

욕망과 충동적 본능에 대한 이해

인간이 각자의 개인적인 견해를 실천하는 것이 가장 바람직하다는 것은 누구나 인정할 것이다. 즉 이치에 맞게 관습을 따르되, 때로는 관습을 거부할 수도 있어야 한다. 그것이 맹목적으로 또는 단순히 기계적으로 집착하는 것보다 낫다고 생각한다. 또한 개인의 견해란 개인 자신의 것이라는 것도 어느 정도는 용인되고 있다. 그러나 우리의 욕망이나 충동적 본능도 자신의 것이라든지, 어떤 강렬한 충동을 느끼는 것이 위험이나 유혹이 아니라는 사실은 쉽게 인정하려고 하지 않는다.

하지만 욕망과 충동적 본능은 신념이나 자제력과 마찬가지로 완전한 인간의 일부이다. 강렬한 충동이 위험할 때는 그것이 적절한 균형을 유지하지 못할 때이다. 즉 한 가지 목표와 성향이 발전하여 힘을 만들어 내고 있는데 반하여 그것과 공존해야만 할 다른 목표와 성향이 약해지고 활발하지 못할 때이다.

인간들이 나쁜 행동을 하는 것은 욕망이 너무 강해서가 아니다. 오히려 양심이 허약하기 때문이다. 강렬한 충동과 허약한 양심 사이에는 어떤 인과관계도 존재하지 않는다. 오히려 그 반대 방향으로 나타난다는 것이 자연스러울 것이다. 어떤 사람의 욕망과 감정이 다른 사람보다 강하고 다양하다는 것은, 그러한 성향의 자질을 더 많이 갖고 있다는 것을 뜻한다. 따라서 나쁜 짓을 더 많이 할 수도 있지만, 좋은 일을 더 많이 할 수도 있다고 분명히 말할 수 있는 것이다.

강렬한 충동이란 행동력의 또 다른 이름이라 할 수 있다. 행동력은 나쁜 목적으로 쓰일 수도 있지만, 게으르고 무감각한 사람보다 좋은 일을 더 많이 할 수도 있다.

지극히 자연스러운 감정의 소유자는 언제나 잘 가꾸어진 감정들을 최고의 장점으로 삼을 수 있는 사람이다. 개인의 감정을 생생하고 강력하게 발휘하도록 해주는 강한 감수성 역시 가장 열정적으로 덕을 추구하고 가장 엄격하게 자제심을 만들어내는 원천이다. 사회는 영웅들을 만들어내는 방법을 모르기 때문에, 영웅들이 만들어지는 이러한 요소를 배척하는 것이 아니라 오히려 장려하는 것을 통해 의무를 잘 수행하고 동시에 이익을 지키게 된다. 자신만의 욕망과 충동 – 자신의 교양에 의해 계발되고 조절되어 나타나는 것으로써 그 자신만의 본성을 표현하는 – 을 가진 사람은 개성이 있다고 여겨진다. 반대로 자신의 것이 아닌 욕망과 충동을 지닌 사람은 증기기관차와 별반 다를 것이 없으므로 개성이 없는 것이다. 그러나 그러한 충동이 자신의 것일 뿐만 아니라, 강렬하면서도 자신의 강한 의지로 통제하고 있다면 그 사람은 활동력이 강한 성격의 소유자이다.

개성과 충돌하는 사회의 법과 규율

각 개인의 욕망과 충동 자체가 발휘되도록 해서는 안 된다고 생각하는 사람이 있다면, 그는 다음과 같은 주장을 하고 있는 것이나 다름없다. 즉 사회에는 강한 성격을 지닌 사람들이 필요하지 않으며 - 즉, 풍부한 개성을 지닌 사람이 많으면 좋지 않으며 - 전반적인 활동력의 평균치가 높은 것은 바람직하지 않다는 것이다.

과거 발전 단계의 초기에 있던 사회에서는 개인의 욕망이나 충동과 같은 힘이 사회가 지니고 있던 규율과 통제의 권력을 훨씬 더 능가했다. 실제로 자발성과 개성의 요소가 지나치게 강해서 사회적 원칙과 심하게 충돌했다. 그로 인해 강한 육체와 정신을 지닌 사람들을 충동 조절을 요구하는 규칙들에 복종하도록 이끄는 것이 가장 큰 어려움이었다. 이러한 어려움을 극복하기 위해, 마치 교황들이 황제들과 싸웠던 것처럼, 법과 규율은 모든 인간을 지배할 권력을 주장했다. 개성을 통제하기 위해 사람들의 생활을 모두 통제해야 한다고 요구했던 것이다. 그러한 방법 외에는 사회가 인간의 개성을 묶어놓을 효과적인 수단을 찾을 수 없었기 때문이었다. 그러나 오늘날의 사회는 개별성을 적절히 통제할 수 있게 되었다. 그로 인해 인간성을 위협하고 있는 위험은 개인의 충동과 선호의 지나친 과잉이 아니라 오히려 결핍인 것이다.

과거에는 사회적 신분이나 개인의 타고난 능력에 의해 힘을 갖게 된 사람들이 끊임없이 법과 명령에 저항했다. 따라서 그들의 영향을 받게 되는 일반인들이 안정된 생활을 누릴 수 있도록 그러한 저항을 엄격히 구속했다. 그러나 그런 시대와 비교하면 지금은 상황이 많이 달라졌다. 오늘날은 사회의 최상위에서부터 최하위 계급에 이르기까지 대부분의 사람들이 적대적이고 가공할 만한 감시 하에 살고 있다. 그래서 타인에 관한 일 뿐만 아니라 자신에 관한 일에서도 개인이나 가족조차 다음과 같은 질문을 하지 않는다. 즉 '나는 무엇을 좋아하는가? 나의 성격과 기질에 맞는 것은 무엇인가? 내 안에 있는 최선, 최고의 것을 충분히 발휘하여 성장시키고 더 펼쳐보이도록 할 수 있는 것은 무엇인가?'

그러한 물음 대신 '내 분수에 맞는 일은 무엇인가? 나와 비슷한 신분 또는 경제적 여건에 놓여 있는 사람들은 일반적으로 어떤 일을 할까? 혹은 (더욱 나쁜 것은) 나보다 더 나은 신분과 경제 여건을 가진 사람들이 하는 일은 무엇인가?'를 묻고 있다.

지금 사람들이 자신의 성향에 맞는 것을 찾지 않고 관습적인 길을 선택한다고 말하려는 것이 아니다. 관습을 제외한 그 밖의 것들에 대해 아무런 성향도 갖지 않는다는 것이다. 이처럼 정신 자체가 구속에 짓눌려 있다. 심지어 오락을 즐기는 일에서도 우선적으로 관습에서 벗어나지 않는다. 군중 속에 섞여 있는 것을 좋아하며, 오직 습관적으로 행해지는 것들 중에서 선택할 뿐이다.

그러다보니 특별한 취미 생활이나 남다른 행동 방식을 범죄와 마찬가지로 여기며 기피한다. 결국 자기 자신의 본성을 따르지 않기 때문에 자발적으로 따라야 할 개성은 하나도 없게 되는 것이다.

결국 인간적 능력은 모두 시들어 빈약해지고 그 어떤 강렬한 욕망이나 타고난 취향도 느끼지 못한다. 그러한 사람들 대부분은 자기만의 생각이나 감정, 즉 본래부터 타고난 자신의 것은 모두 잃어버리는 것이다. 이것을 인간 본연의 모습에 바람직한 상태라고 말할 수 있을까?

칼뱅주의 이론에 반대한다

칼뱅주의(역자 주 : 16세기 독일에서 시작된 루터의 종교개혁에 영향을 입어 프랑스인 칼뱅Jean Calvin[1509~1564]에 의해 성립된 개신교[프로테스탄트] 사상이다. 성서중심주의, 예정설[인간의 구원은 신에 의해 미리 정해져 있음]을 강조한다. 유럽 전역으로 전파되었으며 영국으로 전파된 칼뱅주의가 청교도이다.) 이론에서는 그러한 상태가 바람직하다고 말한다. 그들은 인간의 가장 커다란 죄악은 자기 뜻대로 행하는 것이며, 반면에 인간이 행할 수 있는 모든 선은 복종이라고 주장한다. 인간에게 선택은 있을 수 없어서, 오직 주어진 것에 따라야 하고 달리 해서는 안 되며, '의무가 아닌 것은 무엇이든 죄악'이라고 말한다. 인간은 근본적으로 타락했기 때문에 본성적으로 내재되어 있는 인간성이 없어지지 않는 한 구원받을 수 있는 사람은 아무도 없다는 것이다.

이와 같은 인간론을 주장하는 사람들은 인간의 기능, 능력, 감수성 모두를 파괴해 버리는 것이 결코 죄가 아니라고 생각한다. 인간에게는 신의 의지에 따라 자신을 내맡기는 능력 외에는 아무런 능력도 필요하지 않다는 것이다. 만약 인간이 자기의 능력을 그러한 가상의 의지를 더 효과적으로 실행하는 것 외의 목적에 사용한다면 차라리 그러한 능력을 갖지 않는 것이 낫다고 말한다. 이것이 칼뱅주의의 이론이다.

한편 스스로 칼뱅주의자가 아니라고 생각하면서도 어느 정도 완화된 형식으로 이러한 이론을 따르는 사람들도 많다. 완화된 형식이란 신의 의지라고 주장하는 금욕주의적 해석을 느슨하게 강조하는 것이다. 즉, 인간들이 자신의 성향에 대해 일정 정도 만족하는 것이 바로 신의 의지라고 믿는 것이다. 당연하게도 인간 스스로가 좋아하는 방식이 아니라 복종하는 형식, 즉 권위에 의해 미리 규정된 방식이어야 하며, 이러한 필연적 조건에 의해 만인에게 동일하게 적용된다는 것이다.

오늘날 눈에 띄지 않게, 옹색하고 고루한 인간형으로 규정할 수 있는 이런 편협한 인생관을 지향하는 경향이 강해지고 있다. 많은 사람들이 아무런 의심도 없이 이처럼 구속되고 위축된 인간성이 신이 의도한 모습이라고 굳게 믿고 있는 것이다. 이것은 마치 자연 그대로의 나무보다 가지를 쳐내고 다듬어졌을 때, 혹은 동물 모양으로 조각되어 있을 때가 훨씬 더 보기 좋다고 생각하는 것과 같다.

그러나 만약 인간이 선한 존재인 신에 의해 창조되었다고 믿는 것이 종교의 한 부분이라면 다음과 같이 믿는 것이 칼뱅주의의 신앙과 일치된다. 즉 신이 모든 인간에게 능력을 부여한 이유는 그것을 잘 가꾸어 널리 펼쳐 보이기를 바랐던 것이지 아주 없애 버리려고 준 것이 아니다. 따라서 신은 자신의 창조물인 인간이 자신이 구현하고자 했던 이상에 접근해 갈 때마다, 또는 이해하고 활동하며 즐기는 능력이 조금씩 늘어날 때마다 기뻐한다는 것이다.

인간의 미덕에 대해 칼뱅주의와는 다른 견해도 있다. 단순히 억제되기 위해 부여된 인간 본성이 아니라 다른 목적을 위해 부여된 것이 있다는 생각이다. 〈이교도의 자기 주장〉도 〈기독교적 자기 부정〉과 마찬가지로 인간의 가치를 구성하는 여러 요소들 중의 한 가지이다. 저자주2 그리스의 자기 발전이라는 이상도 있는데, 이것은 플라톤과 기독교의 자기 지배가 혼합되어 있는 것이지 대체하는 것은 아니다.

알키비아데스(역자 주 : 알키비아데스Alkibiades BC 450?~404. 고대 그리스 아테네의 장군, 정치가. 소크라테스의 가르침을 받았으나, 정치적 신념이 사리에 치우쳐 펠로폰네소스 전쟁을 패배로 이끌었다.) 같은 사람이 되기보다 존 녹스(역자 주 : 존 녹스John Knox 1505?~1572. 스코틀랜드 출신의 신학자. 로마 가톨릭의 사제였으나 칼뱅주의를 추종하면서 스코틀랜드에서 종교개혁을 추진했다. 칼 라일은 그를 마르틴 루터와 같은 영웅적 종교인이라고 평가했다.) 같은 사람이 되는 것이 나을지도 모르지만, 그 어느 쪽보다 페리클레스(역자 주 : 페리클레스Pericles BC 495?~429. 고대 아테네의 정치가. 아테네의 민주주의를 이룩한 인물) 같은 사람이 되는 것이 더 낫다. 그러나 만약 오늘날 페리클레스와 같은 사람이 있다 해도 존 녹스의 장점을 모두 갖추지 못했다면 더 나을 수는 없다.

사회에 이익이 되는 개성의 조화로운 발전

인간이 지닌 개별성을 획일적으로 소진하는 대신, 타인의 권리와 이익을 침범하지 않는 범위 내에서 각자의 개별성을 계발하여 가꾸어 낼 때, 인간은 고귀하고 아름다운 사색하는 존재가 된다. 예술 작품이 저자의 성격을 드러내는 것처럼 인간의 행동도 그 사람의 성격을 반영한다. 그 과정에서 인간의 생활은 풍부해지고 다양해지며 활력이 넘치게 된다. 나아가 고결한 사상과 고양된 감정에 풍부한 영양분이 제공되어 인류라는 종족에 속하는 것에 무한한 가치를 두게 됨으로써 개인과 인류의 유대관계가 강화되는 것이다.

개인은 개별성의 발전과 비례해서 자기 자신에게 더욱 가치 있는 존재가 된다. 따라서 타인에게도 더욱 가치 있는 존재가 될 수 있다. 스스로에게 충만한 생명력을 느끼게 되면 여러 개체들이 모인 사회 속에서도 더욱 강한 생명력을 갖게 된다. 그러면 그 개체들로 구성된 사회 역시 더욱 활기차게 된다.

인간의 본성 중에서 강한 충동이 타인의 권리를 침범하려 한다면 어느 정도의 제한은 필수불가결하다. 그러나 이러한 억압은 인간의 발전이라는 측면에서 볼 때 충분히 의미 있는 보상이 이루어진다. 즉 타인에게 해를 끼치려는 성향을 억제함으로써 한 개인이 상실하게 되는 자기 발전의 몫은 본래 타인의 발전이 희생되는 대가로 얻어지는 것이었다. 그러나 그 개인 본래의 이기적 성향을 억제하여 사회적 요소를 발전시킬 수 있게 됨으로써 결국 상실한 것

못지않은 보상을 받게 되는 것이다.

타인을 위해 엄격한 정의 규범을 준수하는 것은 타인의 이익을 우선으로 하는 감정과 능력을 키우게 된다. 그러나 타인의 이익에 영향을 미치지 않는 행동인데도 타인에게 불쾌함을 준다는 이유로 억제하는 것은 아무런 가치도 없는 일이다. 그러한 구속에 저항하려는 성격만 키우게 된다. 그러나 순종만 하게 된다면 인간 본성 전체가 둔화되어 쓸모없게 된다.

각각의 인간 본성이 공정하게 발휘되려면 나름대로 다양한 환경에서 살 수 있도록 허용되어야 한다. 이처럼 관용의 자유가 어떻게 허용되었는가에 따라 그 시대가 후세에 어떤 가치가 있는지가 결정된다. 심지어 전제정치 하에서도 최소한의 개별성이 허용되었다면 최악의 해악은 만들어지지 않는다. 반면에 개별성을 파괴하는 것은 그 이름이 무엇이든 독재다. 그것이 신의 뜻을 따르는 것이라고 공언하거나 인간의 명령을 시행하는 것이라고 주장한다 해도 독재체재라고 말할 수 있다.

천재성과 독창성이 발휘하는 혜택

앞에서 개별성과 인간의 발전은 동일한 것이며, 잘 발달된 인간을 낳고 혹은 낳을 수 있는 유일한 길은 오직 개별성의 신장뿐이라고 설명했다. 여기에서 이제 이 논의의 결론을 내리고자 한다. 이 세상의 어떤 조건도 인간을 최선의 상태에 이르게 하는 개별성보다 더 중요하거나 더 나은 것이 없기 때문이다. 또한 개별성을 방해하는 것보다 더 나쁜 일도 없다. 하지만 이 정도의 주장만으로 설득시키기에는 충분하지 않을 것이다.

따라서 조금 더 나아가 개성을 발전시킨 사람들이 그렇지 못한 사람들에게 어떻게 유용한지를 보여줄 필요가 있다. 즉 자유를 열망하지도 않고 누리려고도 하지 않는 사람들에게는 반드시 증명해 보여 줄 것이 있다. 즉, 타인에게 방해받지 않고 자유를 누리는 것을 허용한다면 그들 역시 분명한 방식으로 이익을 얻을 수 있다는 사실이다.

먼저, 개성을 발전시키지 못한 사람들은 그것을 발전시킨 사람들로부터 무엇인가 배울 수 있다는 점을 지적하려고 한다. 독창성이 인간에게 가치 있는 요소라는 것은 누구도 부인하지 않는다. 새로운 진리를 발견하여 한때 진리였던 것이 더 이상 진리가 아니라고 알려준 사람들뿐만 아니라, 새로운 관행을 보여주고, 더욱 계몽된 행위, 더 훌륭한 취미와 감각의 모범을 보여주는 사람들이 항상 필요한 법이다.

이 세상에 존재하는 모든 관행이 완벽하지 않다고 생각하는 사람이라면 위와 같은 사람들이 필요하다는 사실을 부인하지 못한다. 모든 사람이 동일하게 이러한 혜택을 제공해 줄 수 있는 것은 아니다. 기존의 관행을 진보시켜 줄 실험을 할 수 있는 사람은 인류 전체에 비해 극소수에 불과하다. 그러나 이 소수의 사람들이 이 세상의 소금과 같은 존재들이다. 그들이 없다면 인간 생활은 썩은 물웅덩이가 될 것이다. 이전에는 존재하지 않았던 선을 가져다 줄 뿐만 아니라, 이미 존재하고 있는 선에는 생명력을 불어넣어 주는 것이 바로 그들이다.

만약 이 세상에 더 이상 이루어져야 할 것이 없다면, 인간의 지성은 필요 없을 것 아닌가? 관행을 습관적으로 따르는 사람들이 왜 그것을 하고 있는지에 대해 생각하지 않고 마치 인간이 아닌 소나 말처럼 순종하게 되는 것도 바로 그런 이유에서다.

유감스럽게도 최선의 믿음과 관행은 기계적인 것으로 퇴보해버리는 경향이 매우 크다. 만약 새로운 독창성으로 신념과 관행이 단순한 전통으로 변질되지 않도록 부단히 노력하는 사람들이 없다면, 그처럼 활력 없는 것들은 생생하게 살아 있는 것들이 가하는 아주 작은 충격에도 견디어 내지 못할 것이다. 마치 비잔틴 제국(역자 주 : 동로마 제국이라고도 한다. AD 395년 로마 제국이 동서로 분열되었을 때 동쪽 비잔틴[콘스탄티노플]을 수도로 성립하였다. 476년 서로마 제국이 멸망 이후에도 1452년 터키에 의해 멸망할 때까지 존속했다.)에서 그랬듯이 문명이 사라지지 않을 이유가 전혀 없는 것이다.

천재는 극소수이다. 이것은 항상 진실이다. 그러나 천재들이 존재하려면 그들이 자라날 토양은 필수적이다. 천재는 오직 자유로운 분위기에서만 숨을 쉬며 살아갈 수 있다. 천재는 '천재라는 이유 하나만으로' 다른 사람보다 개인적이다. 결국 그들은 사회성의 몇 가지 유형 - 구성원들이 독특한 개성을 만들어내려는 노력을 하지 않고 사회가 만들어 놓은 - 에 억압당하지 않고 자신을 적응시키기는 힘들 것이다.

만약 천재들이 소심하게도 강제적으로 이러한 틀에 순응하는 것에 동의해버리고, 억압 상태에서는 결코 신장시킬 수 없는 것들을 그대로 방치해 버린다면, 사회는 그 천재들로부터 아무런 혜택을 얻어내지 못할 것이다.

만약 그들이 강한 성격을 소유하고 있어서 이러한 굴레를 벗어나 버리면, 보통사람으로 축소시키는데 실패한 사회는 그들을 요주의 인물로 규정하고 '난폭한 인물' '괴팍한 인물' 등등의 경고를 하며 비난할 것이다. 마치 나이아가라 폭포가 네덜란드 운하처럼 둑 사이를 잔잔하게 흐르지 않는다고 불평하는 것과 같다.

나는 천재성의 중요함에 대해서는 이론과 실천의 두 부분에서 자유롭게 논의되어야 한다고 주장한다. 내가 주장하는 이유에 대해 이론적으로는 부정하는 사람이 없지만 현실에 있어서는 거의 모든 사람들이 그 문제에 무관심하다는 것을 잘 알고 있기 때문이다.

사람들은 감동적인 시를 쓰거나 그림을 그릴 수 있도록 해준다면 천재성은 좋은 것이라고 생각한다. 그러나 천재성의 진정한 의미, 즉 사상과 행동의 독창성에 대해서는 비록 그리 놀랄만한 것이 아니라고 말하지는 않지만 거의 대부분의 사람들은 진심으로 그런 것 없이도 잘 살 수 있다고 생각한다. 불행하게도 이러한 태도는 너무 자연스러워 그리 이상해 보이지도 않는다.

독창적이지 못한 사람들은 독창성의 효용가치를 알아차릴 수 없다. 그들은 독창성이 자신에게 어떤 도움을 줄 수 있을지 파악할 수 없다. 그들이 어떻게 알아차릴 수 있겠는가? 만약 그들이 알아차릴 수 있는 것이라면 그것은 이미 독창성이 아닐 것이다.

독창성이 제공하는 첫 번째 혜택은 그들의 눈을 뜨게 해주는 것이다. 일단 완전히 눈을 뜨게 된다면, 그들은 스스로 독창적인 사람이 될 가능성을 갖게 되는 것이다. 그와 동시에 누군가가 처음으로 시작하지 않고 이루어지는 일은 없으며 지금 존재하는 유익한 것들은 모두 독창성의 결과라는 것을 상기시켜, 여전히 성취되어야 할 일들이 남아 있다는 것을 겸손하게 믿도록 해준다. 그리고 독창성이 부족하다는 것을 적게 의식하는 사람들일수록 더 많은 독창성이 필요하다는 것을 스스로 납득하도록 해준다.

소수의 행동에 대한 여론의 횡포

있는 그대로의 진실을 말하자면, 실제로 정신적인 탁월함을 지니고 있거나, 그렇다고 생각되는 사람에게 어느 정도의 경의는 표한다 해도, 이 세상의 일반적인 경향은 평범한 사람에게 더 많은 권력을 부여해 준다. 고대시대와 중세시대는 물론 긴 과도기를 거치며 그 정도가 감소되기는 했지만 봉건시대에서 현재에 이르기까지 각 개인이 스스로 권력을 차지했다. 만약 그 개인이 뛰어난 재능과 높은 사회적 지위까지 갖췄다면 유력한 권력자가 되기도 했다. 그러나 오늘날의 개인들은 군중 속으로 사라져 버렸다. 현 정치에서 대중 여론이 세상을 지배한다는 것은 이제 진부한 표현이 되었다.

유일하게 권력이라 부를 만한 것이 있다면 그것은 군중의 권력이며, 정부의 권력은 스스로 대중의 성향과 천성을 반영하는 기관으로서의 역할을 하는 동안에만 권력이다. 이것은 공적 거래에서와 마찬가지로 사생활의 도덕적, 사회적 관계에서도 사실이다. 대중여론이라는 의견을 형성하는 사람들이 언제나 일정하지는 않다. 미국에서 대중은 백인 전체를 가리키며, 영국에서는 주로 중산층을 가리킨다.

그러나 그들은 항상 대중, 이른바 보통사람의 집단이다. 더욱 새로운 사실은 이러한 집단들이 이제는 교회나 국가의 고위층, 저명한 지도자들 혹은 책으로부터 여론을 만들어내지 않는다는 것이다. 그들의 생각은 자신들과 상당히 비슷한 사람들이 갑작스럽게 신문을 통해 그들을 향해, 혹은 그들의 이름을 내걸고 주장하는 의견에 의해 만들어진다.

내가 이런 모든 것들에 대해 한탄하고 있는 것은 아니다. 정신적인 수준이 낮은 현재의 상태에 대체적으로 적합한 더 나은 어떤 대안이 있다고 주장하는 것도 아니다. 하지만 평범한 사람들에 의해 구성된 정부가 평범한 정부가 되는 것은 막을 수가 없는 법이다.

많은 지도자들이 뛰어난 능력과 학식을 지닌 1인 또는 소수의 충고와 영향력에 따르기로 자청했던 경우(전성기에 그들은 언제나 그렇게 했다)를 제외하고, 민주주의 혹은 다수의 귀족에 의한 어떤 정부도 정치 활동이나 여론 조성, 자질, 정신적인 상태 등에 있어 보통의 수준을 넘어선 적이 결코 없으며 또 그럴 수도 없었다.

슬기롭고 고결한 일들은 모두 개인들로부터 시작되며 또 그래야만 하는 것이어서, 일반적으로 처음에는 어떤 한 개인에서 비롯되는 것이다. 평범한 사람의 명예와 영광은 그러한 시작을 따라갈 능력이 있을 때 얻어진다. 슬기롭고 고귀한 것들에 정신적으로 반응할 수 있게 되고, 눈을 크게 뜨고 그것들에 다가갈 수 있게 된다.

나는 힘을 가진 천재적인 사람들이 강제적으로 세계의 정부를 장악하고 자신의 명령에 복종시키려 하는 일종의 영웅 숭배를 장려하려는 것이 아니다. 강자가 요구할 수 있는 것은 단지 나아갈 길을 제시할 수 있는 자유인 것이다. 다른 사람들에게 자신이 제시한 길로 가도록 강요하는 권력은 다른 사람의 자유와 발전에 장애가 될 뿐만 아니라 강자인 자신도 타락시키는 것이다.

그러나 단순히 평범한 사람들로 구성된 집단의 의견이 사회 전반적인 지배 권력이 되려 할 때에는, 그러한 경향을 견제하고 시정하기 위해 보다 더 뛰어난 생각을 갖춘 사람들의 개별성이 더욱 더 뚜렷하게 발휘되어야 한다.

이러한 사회에서는 다른 무엇보다 특히 비범한 개인들이 대중들과 다르게 행동하는 것을 저지하기보다 오히려 장려해야만 한다.

지금이 아닌 다른 시대에서 그들은 대중과 다를 뿐만 아니라 더 뛰어나게 행동하지 않는 한 아무런 이점도 얻을 수 없었다. 지금의 시대에서는 단순히 순응하지 않는 것, 관습에 대한 복종을 거부하는 것 자체만으로도 사회에 대한 공헌이다. 남과 다른 특별함을 비난하는 여론의 횡포가 너무 심하기 때문에 그러한 횡포를 막아 내기 위해 남과 다른 행동을 하는 것이 오히려 바람직한 것이다.

강한 개성이 넘쳐나던 시대와 장소에서는 언제나 파격적인 사람들이 많이 나타났다. 어느 사회에서나 그러한 사람들의 수는 일반적으로 그 사회가 지니고 있는 비범함과 정신적 활력 그리고 도덕적 용기와 비례한다. 오늘날 파격적으로 행동하는 사람들이 거의 없다는 사실은 이 시대가 직면한 위험을 보여주고 있는 것이다.

자신의 방식대로 살아갈 권리는 누구에게나 있다

나는 관습적이지 않은 것들 중에서 머지않아 관습으로 전환되기에 적합한 것은 무엇이든지, 표현될 수 있도록 가능한 최대한의 자유를 부여하는 것이 중요하다고 했다.

그러나 독자적으로 행동과 관습을 무시하는 것이 더 나은 행동 양식과 일반적으로 받아들여질 더욱 가치 있는 관습을 제공할 기회를 제공한다는 이유만으로 장려해야 한다는 것은 아니다. 또한 탁월한 정신적 능력을 지닌 사람들만이 자신들의 방식대로 삶을 살아갈 권리가 있는 것도 아니다.

인간의 생활방식이 어느 한 가지 혹은 몇 가지의 유형으로 형성되어야만 할 이유는 없다. 만약 어떤 사람이 웬만한 정도의 상식과 경험을 가지고 있다면 자신만의 생활방식을 설계하는 것이 가장 좋다. 그 방식 자체가 최선의 것이기 때문이 아니라, 그것이 바로 자신만의 방식이기 때문이다.

인간은 양과 같지 않으며, 또한 양조차도 전부 다 똑같지는 않다. 사람이 자신에게 꼭 맞는 외투나 신발을 가지려면 자신의 치수에 맞추거나 창고에 가득 쌓인 것들 중에서 골라야 한다. 과연 자신에게 맞는 외투를 찾는 것과 어느 한 가지 생활방식에 자신을 맞추는 것, 어느 것이 더 쉬운 일일까? 혹은 인간들의 전체적인 육체적, 정신적 형태가 발의 모양보다 더 비슷하다고 할 수 있을까?

만약 사람들이 다양한 취향을 갖고 있을 뿐이라고 말한다면, 그것만으로도 그들을 한 가지 유형에 맞추려고 시도해서는 안 되는 충분한 이유가 된다. 하지만 다양한 사람들에게는 정신적인 발달을 위해 다양한 환경 역시 필요하다. 모든 식물들이 똑같은 물리적 환경과 기후 조건에서 살아남을 수 없는 것처럼 사람들도 똑같은 도덕 기준 아래에서는 건강하게 살아갈 수 없다.

비록 똑같은 일일지라도 어떤 사람에게는 고귀한 본성을 계발하는 데 도움이 되지만, 다른 사람에게는 방해가 된다. 또한 동일한 생활 방식이 어떤 사람에게는 행동과 즐거움을 최고의 상태로 유지해 주는 건전한 자극이 되는 반면에, 다른 사람에게는 정신적인 삶을 송두리째 정지시키거나 파괴시키는 고통스러운 방해물이 되기도 한다.

인간들 사이에는 즐거움을 느끼는 원인과 고통에 대한 반응 그리고 다양한 육체적, 도덕적 작용이 미치는 효력 등이 서로 다르게 나타난다. 따라서 그들의 생활양식에 상응하는 다양성이 주어지지 않는다면 정당하게 누려야 할 행복을 얻을 수 없다. 또한 천성적으로 도달할 수 있는 정신적, 도덕적, 미적 수준으로 성장할 수도 없다.

그렇다면 대중적인 정서만큼은 왜 다수의 신봉자들에 의해 따르도록 강요되는 취미와 생활 방식에만 관용을 베풀어야만 하는가? 이제 취미의 다양성이 완전히 인정되지 않는 곳은(몇몇 수도원을 제외하고는) 없다. 사람들은 아무런 비난도 받지 않고 보트 타기, 흡연, 연주, 운동, 체스, 카드놀이 또는 공부 등을 좋아할 수도 있고 싫어할 수도 있다. 이러한 것들을 좋아하는 사람들과 싫어하는 사람들이 너무 많아서 하나하나 억누를 수 없기 때문이다.

하지만 누군가가, 특히 여자가 '아무도 하지 않는 일'을 하거나, '누구나 다 하는 일'을 하지 않는다면, 마치 심각한 도덕적 비행을 저지른 것만큼이나 경멸의 대상이 된다. 자신의 명예를 손상시키지 않고 원하는 대로 행동할 수 있는 자유라는 사치를 '어느 정도' 누릴 수 있게 되려면 어떤 직함이나 지위를 드러내는 일정한 상징을 갖고 있거나, 상당한 지위를 가진 사람들로부터 인정을 받아야 할 필요가 있다. '어느 정도' 누린다는 것을 다시 말하자면, 누구든 그런 일들에 지나치게 빠져버릴 경우 심한 비난을 듣는 것보다 더 나쁜 위험을 – 정신병자로 취급받게 되는 – 초래할 우려가 있으며, 그로 인해 재산을 몰수당해 친척들에게 분배되어 버릴 수도 있기 때문이다. ^{저자 주 3}

현재 여론의 흐름에 한 가지 특징이 있다면, 개별성이 뚜렷이 드러나는 것이라면 무엇이든 유난스럽게 의도적으로 허용하지 않는다는 것이다. 일반적인 보통의 사람들은 지적 능력뿐만 아니라 성향 역시 평범하여 남들과 다른 특별한 일을 하려는 마음을 일으키기에 충분할 만큼의 취향과 욕구를 지니고 있지 않다. 그로 인해 남다른 행동을 하는 사람들을 이해하지 못하며, 자신들이 평소에 멸시하는 난폭하고 무절제한 사람들과 같은 부류로 치부해 버린다.

이와 같은 일반적인 사실에 덧붙여, 현재 도덕 향상을 위한 강력한 움직임이 시작되고 있다는 것을 살펴볼 수 있는데, 우리가 예상할 수 있는 결과는 명확하다. 최근에 그러한 움직임이 시작되어, 실제로 사람들의 행동을 더욱 더 규칙화하고 지나친 행동을 억제하는 데에 커다란 영향을 끼치고 있다. 그리고 박애주의 정신을 널리 퍼뜨려 동포들의 도덕심과 사리분별을 향상시켜야 한다고 유혹한다.

이러한 시대적 경향에 의해 대중은 과거 어느 때보다도 더, 규정되어 있는 일반적인 행위 규범을 따르려 하고 공인된 표준에 순응하는 행동을 하기 위해 노력하고 있다. 그리고 그 표준이라는 것은 명시적이거나 묵시적으로 그 어떤 것도 강하게 추구하지 않아야 한다는 것이다. 그러한 표준에 따른 성격은 두드러진 성격이 없는 상태를 이상으로 삼는다. 마치 중국 여성의 전족처럼, 두드러진 인간적인 성품의 모든 요소에 압박을 가해 망가뜨리며, 사람들로 하여금 남과 확연하게 다르게 보이는 개성을 흔해 빠진 인간성으로 만들도록 이끈다.

흔히 이상이라는 것의 속성이 바람직한 일들의 절반을 배제해버리는 것처럼, 현재의 공인된 표준은 나머지 절반을 조악하게 모방하는 결과를 낳는다. 활기찬 이성으로 왕성한 활력을 이끌어내고, 양심적인 의지로 엄격히 통제되는 강렬한 감정 대신 이러한 이상은 허약한 감정과 쇠잔한 기력만을 만들어낸다. 그러므로 사람들은 강한 의지나 이성도 없이 그저 형식적으로 규범에 순응해 버릴 뿐이다. 이미 대부분의 영역에서 활력이 넘치는 개성들이 단순한 관습적인 것이 되어 버렸다. 이 나라에서는 경제활동 외에는 활력을 분출할 분야가 거의 없다. 경제활동에 소비되는 활력은 여전히 상당한 것으로 여겨진다. 그렇게 소비되고 조금 남아 있는 활력이 소소한 취미활동을 위해 소비되고 있다. 그것이 유익할 수도 있겠지만, 비록 박애주의적인 취미 활동일지라도, 언제나 한두 가지일 뿐이며 대개 그 규모도 크지 않다.

오늘날 영국에서 위대한 부분이 있다면 모두 집단적인 것들이다.

개인은 왜소해져 그저 습관적으로 연합해야만 위대한 것을 이룰 수 있을 것처럼 보일 따름이다. 영국의 도덕적, 종교적 박애주의자들은 이러한 현상을 대단히 만족스러워 하고 있다. 그러나 지금까지 오늘의 영국을 만들어 온 사람들은 지금과는 전혀 다른 특징을 지닌 사람들이었다. 그런 사람들이 영국의 쇠퇴를 방지하는 데에 필요하게 될 것이다.

전제적인 관습은 진보와 개선을 방해하는 최대의 적

관습의 전횡은 모든 곳에서 인류의 진보를 방해한다. 관습보다 더 나은 것, 즉 상황에 따라 자유의 정신, 혹은 진보, 개선의 정신이라고 불리는 것을 지향하려는 성향에 대해 끊임없이 적대적 태도를 유지하기 때문이다.

개선의 정신이 언제나 자유의 정신과 일치하는 것은 아니다. 개선의 의지가 없는 사람에게 개선을 강요할 수도 있기 때문이다. 따라서 자유의 정신이 그러한 시도를 억제할 수 있다면 개선의 적들과 부분적이거나 일시적인 동맹 관계를 형성할 수도 있다. 그러나 실패하지 않고 영구적으로 개선을 추구할 수 있는 유일한 원천은 자유이다. 자유가 있어야 개인의 수만큼이나 많은 개선의 독립적인 중추들이 자리를 잡을 수 있기 때문이다. 그러나 진보의 원리는 자유와 개선 어느 것을 지향하든, 적어도 관습의 굴레로부터 벗어나려는 것을 포함해, 관습의 전횡에 대해 적대적이다. 이러한 진보와 관습의 경쟁이 인류의 역사에서는 주된 관심사가 된다.

더 정확하게 말하자면, 관습의 전횡이 완벽하게 이루어지고 있기 때문에 대부분의 세계에는 역사가 없다. 동양 사회가 전반적으로 그렇다. 동양에서 관습은 모든 것의 최종적인 규범이다. 정의와 권리는 관습에 순응하는 것을 의미한다. 권력에 취해버린 일부 폭군이 아니라면 아무도 관습을 논박하지 않는다. 그리고 우리는 그 결과를 잘 알고 있다. 분명히 그 국가들도 한때는 독창성이 있었다. 원래부터 인구도 많고, 학문도 뛰어나고, 다양한 예술성을 갖추고 출발했던 것은 아니었다. 스스로 그 모든 것들을 만들어낸 그들은 당대의 세계에서 가장 위대하고 강력한 국가가 되었다.

그러나 지금은 어떠한가? 그들의 선조가 화려한 궁전과 훌륭한 사원을 건설하고 있을 때, 겨우 숲속이나 떠돌아다니던 부족의 후손들로부터 지배를 받고 있다. 그들의 선조는 오로지 관습만으로 자유와 진보를 분열시키는 통치를 했던 것이다.(역자 주 : 19세기 영국과의 아편 전쟁으로 혼란을 겪고 있는 중국을 가리키는 것이다.)

한 민족이 일정 기간 동안 번영을 누리다 멈춰버린 것으로 보일 수도 있다. 그렇다면 언제 성장을 멈추게 되는 것일까? 개별성이 허용되지 않을 때 그렇게 된다. 유사한 변화가 유럽의 국가들에서 일어났다면 똑같은 형태는 아니었을 것이다. 이 국가들을 위협하고 있는 관습의 횡포는 정체적인 것이 아니다. 특이한 것은 금지하겠지만, 모두 함께 변화하게 된다면 변화를 미리 막으려 하지 않는다.

모든 사람들이 여전히 다른 사람들과 똑같은 옷을 입고 있지만, 우리는 선조들이 입었던 고루한 옷차림을 폐기해왔으며, 1년에 한두 번은 유행이 바뀌고 있다.

그러므로 우리는 변화가 있을 때, 그것이 변화를 위한 변화일 뿐이지 아름다움이나 편리함에서 비롯된 것이 아니라는 것에 주목해야 한다. 모든 사람이 동시에 똑같은 아름다움과 편리함을 추구하거나 버리지는 않을 것이기 때문이다.

그러나 우리는 변화만큼이나 진보를 추구한다. 끊임없이 새로운 기계를 발명해내고 더 나은 것으로 대체할 수 있을 때까지 사용한다. 또한 정치, 교육뿐만 아니라 심지어 도덕적인 개선 – 비록 이것이 주로 타인을 우리만큼이나 선한 사람이 되도록 설득하거나 강요하는 것이지만 – 을 추구한다.

우리가 반대하는 것은 진보가 아니다. 오히려 지금까지 살았던 인류 중에서 가장 진보적이라고 자화자찬할 만하다. 그러나 우리가 맞서 싸우고 있는 것은 개별성이다. 따라서 우리 모두를 똑같은 사람으로 만들어낼 수 있다면, 기적적인 일을 해낸 것이라고 생각해야만 할 것이다. 일반적으로 우리가 서로 다를 때, 자신의 불완전함과 타인의 우월함에 주목하게 되고 혹은 양자의 장점을 합쳐 더 나은 것을 만들어 낼 가능성에 대해 생각하게 된다는 것을 잊고 있는 것이다.

우리는 중국에서 교훈적인 사례를 발견할 수 있다. 중국은 아주 드문 행운에 힘입어 일찍부터 매우 훌륭한 관습들과 더불어 뛰어난 자질과 지혜까지 갖추고 있던 나라였다. 그러한 업적은 가장 개화된 유럽인조차도 현인이나 철학자 - 일정한 제한은 있겠지만 - 라고 인정해야만 할 사람들이 만들어낸 것이었다.

또한 최고의 지혜를 모든 사람들의 정신 속에 각인시키기 위한 뛰어난 제도를 갖추었으며, 그러한 지혜를 모두 터득하게 된 사람들이 명예와 권력을 누릴 수 있도록 보장했다는 것도 주목할 만하다. 이러한 업적을 이룬 사람들은 분명 인류 발전의 비밀을 발견해낸 것이었으므로, 지속적으로 이 세계의 움직임을 주도해 나아가야만 했다. 그러나 그와는 반대로 그들은 정체되었고, 수천년 동안 그 정체가 지속되고 있다. 이제는 그들이 조금이라도 더 개선되려면 외국인들의 도움을 받아야만 한다.

그들은 영국의 박애주의자들이 그토록 열심히 추구하고 있는 - 모든 사람을 똑같게 만들고, 생각과 행동도 일정한 법칙과 규범을 따르도록 하는 - 것을 훨씬 뛰어넘었으며 그 결과는 우리가 알고 있는 것과 같다.

오늘날의 여론이라는 것은 단지 비조직적인 형태로 중국의 교육, 정치제도가 조직적으로 했던 기능을 하고 있는 것이다. 그러므로 만약 개별성이 이러한 굴레에서 벗어나 자신의 주장을 성공적으로 펼칠 수 없다면 유럽 역시 칭찬할 만한 선조들과 그리스도교 신앙에도 불구하고 또 다른 중국이 되고 말 것이다.

유럽인의 진보성은 어디로부터 나오는 것인가?

지금까지 유럽을 이러한 운명으로부터 보호해온 것은 무엇일까? 무엇이 유럽의 국가들을 정체되는 대신 진보할 수 있도록 만들었던 것일까? 그들에게 특별히 뛰어난 자질이 있었던 것은 아니다. 뛰어난 자질이 있었다면, 그것은 진보의 원인이 아니라 결과로서 나타난 것이다. 하지만 유럽인들의 개성과 문화의 다양성은 남다른 것이었다.

개인과 계급과 민족들이 서로 극단적으로 달랐다. 그들은 저마다의 가치를 지향하며 매우 다양한 길들을 개척해왔다. 그리고 비록 모든 시대마다 다른 길을 걷는 사람들에 대해 너그럽지 않았고, 다른 길을 걷고 있는 모든 사람들에게 자신의 길을 따르도록 강요하는 것이 좋은 일이라고 생각했지만, 서로의 발전을 저해하려는 시도가 영원히 성공했던 적은 거의 없었다. 그리고 때가 되면 다른 사람들이 제공해주는 장점을 받아들였다. 결국 유럽이 진보적이며 다양한 측면의 발전을 이룰 수 있었던 것은 이처럼 다양한 경로의 혜택을 받았다는 것이 나의 판단이다. 그러나 유럽은 이미 이러한 혜택을 적게 받아들이기 시작했다. 유럽은 결정적으로 모든 사람을 똑같이 만들려는 중국의 이상으로 다가서고 있다.

토크빌은 최근의 중요한 저술에서 오늘날의 프랑스 사람들이 바로 앞 세대의 사람들보다 얼마나 많이 서로를 닮아가고 있는가에 대해 언급한다. 그의 말은 영국인에게 훨씬 더 분명하게 적용될 수 있다.

앞에서 이미 인용했던 빌헬름 폰 훔볼트는, 인간의 발달에 필요한 – 사람들이 서로 똑같지 않아야 하기 때문에 필요한 – 두 가지 조건으로 자유와 환경의 다양성을 제시했다. 요즘 이 나라에서는 환경의 다양성이 계속 줄어들고 있다. 다양한 계급과 개인들을 둘러싸고 그들의 성격을 형성하던 환경이 점점 더 동일화하고 있다.

과거에는 다양한 계급과, 이웃 그리고 다양한 분야와 직업을 가진 사람들이 이른바 서로 다른 세계에서 살았지만, 지금은 거의 동일한 환경에서 살고 있다. 과거에 비해 이제는 똑같은 것을 읽고, 듣고, 보며 똑같은 곳을 찾아간다. 똑같은 대상에 희망을 갖거나 공포를 느끼고 똑같은 권리와 자유를 누리며, 주장하는 방법도 똑같다. 신분의 차이는 여전히 크게 남아 있지만 과거에 비하면 아무 것도 아니다.

그리고 동일화하는 과정은 여전히 진행되고 있다. 지금 이 시대의 정치적 변화는 이러한 동화 작용을 촉진시키고 있다. 신분이 낮은 사람을 끌어올리고, 높은 사람은 끌어내리는 경향이 있기 때문이다. 모든 교육의 확대가 이러한 현상을 촉진하고 있다. 교육은 사람들에게 공통적인 영향을 끼치며, 일반적으로 형성된 사실과 감정에 접근하도록 만들기 때문이다.

또한 교통수단의 발달도 멀리 떨어져 사는 사람들이 개인적으로 접촉할 수 있도록 하고, 살고 있는 곳을 빠르게 옮길 수 있도록 해 이러한 현상을 촉진한다. 상공업의 발달은 안락한 환경의 장점을 널리 퍼뜨려, 모든 것을 야망의 대상으로 삼게 하고, 심지어 최고의 것까지 누리려는 욕망을 일반적인 경쟁을 통해 추구할 수 있게 한다. 그로 인해 출세하겠다는 욕망은 더 이상 특별한 계급만이 아닌 모든 계급의 특징이 되고 있다.

이러한 모든 것들보다 더 강력하게 일반적인 유사성을 촉진시키는 매개체는, 영국을 비롯한 그 밖의 자유 국가들에서 완벽하게 자리잡은 대중여론의 지배력이다. 사회적으로 우월한 지위에 있는 사람들은 대중의 여론을 무시하도록 영향력을 행사할 수 있었지만 이제 사회적 지위는 점점 평준화되고 있다. 대중이 명확한 의지를 갖고 있다는 것을 알게 되었을 때, 그것에 저항하겠다는 생각이 점점 더 현실 정치가들의 마음속에서 사라지게 되었다. 다수의 지배권을 반대하고 대중과 불화하면서 자신만의 의견과 성향을 보호하는데 관심을 갖고, 관행에 따르지 않으려는 독자적인 세력은 그 어떤 사회적 지원도 받을 수 없게 되었다.

이러한 모든 원인들이 한데 결합되어 개별성에 대한 적대적인 영향력이 대단히 큰 세력으로 형성되고 있어서 개별성이 보존될 수 있는 방법을 찾아내는 것이 쉽지 않게 되었다.

대중 속의 지식층이 개별성의 가치를 깨달을 수 있도록 하지 못한다면 즉, 비록 더 나은 상황을 만들지 못할지라도, 비록 더 악화시키는 요소가 있는 것으로 보일지라도, 의견의 차이가 있는 것이 이롭다는 것을 깨닫지 못한다면 어려움은 점점 더 커져만 갈 것이다.

만약 개별성이 주장되어야 할 시기가 있다면, 아직 강제적인 동일화가 완결되기에는 여전히 많은 것이 부족한 바로 지금이다. 오직 초기 단계에서만 그런 침해에 성공적으로 저항할 수 있다. 다른 모든 사람들이 우리와 비슷해져야만 한다는 요구는, 그것이 먹이로 삼는 것들에 의해 성장한다.

만약 생활 방식이 거의 획일적인 한 가지 유형으로 축소될 때까지 아무런 저항도 하지 않는다면, 그 유형에서 벗어나는 행위들은 모두 불경스럽고, 부도덕하며 심지어 자연에 역행하는 괴물과 같은 것으로 취급될 것이다. 잠시라도 다양성을 돌보지 않는다면 인간은 순식간에 그것을 생각조차 하지 못하게 될 것이다.

1 훔볼트의《정부의 영역과 의무》P.11~13.

2 존 스털링John Stering(1808~1844)의《Essays and Tales》1848.

3 최근의 어떤 사건에서 재산처분 능력이 없다는 선고와 같은 비열하고도 소
   름끼치는 일이 있었다는 증거들이 있다. 즉 어떤 사람이 죽은 이후에 그의 재
   산처분권이 무효가 된 것이다. 재산 처분 소송비용을 충분히 지불할 수 있었
   는데도 말이다.
   　그것은 그 사람의 일상생활 중에서 아주 사소한 것까지를 파고들어 눈에
   보이는 것이 무엇이든지간에 가장 천박한 인식 능력과 변별력으로 전혀 평
   범하게 보이지 않는 것이 있으면 그것을 정신병자의 증거로 배심원 앞에 제
   출하여 가끔 성공하는 것이다.
   　그것은 배심원들은 거의가 증인들보다 더 천박하고 무식하며, 한편 인간
   본성과 생활에 대한 지혜가 거의 결여되어 있어 우리들을 경악하게 하는 영
   국의 법률가인 판사들이 배심원들을 종종 현혹시키기 때문이다.
   　이러한 재판이야말로 속물들이 인간의 자유에 대해 어떻게 느끼는지, 어
   떤 생각을 가지고 있는지를 여실히 보여주는 것이다. 판사나 배심원은 개성
   의 가치를 존중하기는커녕, 타인과 관계가 없는 일에 대해서는 개인의 판단
   과 욕망이 원하는 대로 행동할 수 있는 권리가 있다는 것을 전혀 인정하지

않는 것이다. 그들에게는 건전한 국가의 시민이라면 누구라도 그러한 자유를 요구할 수 있다는 것은 상상할 수 없는 일인 것이다.

과거에 무신론자들을 화형시키려고 했을 때, 일부 자비로운 사람들은 종 종 화형 대신 정신병원에 보내자고 했다. 지금 같은 일이 행해져도 이상하게 생각하는 사람은 없다. 오히려 종교적 박해를 가하지 않고, 박해받은 사람들 스스로는 만족하지 못했을지라도, 아주 인간적이고 그리스도교적인 방법으 로 처벌을 내렸기 때문에, 그러한 행위를 한 자비로운 사람들에게 박수를 보 낸다고 해도 전혀 놀랄 일이 아니다.

제 4 장

개인에 대한 사회적 권한의 한계

Of The Limits To The Authority Of Society

Over The Individual

개별성과 사회의 구분

그렇다면 개인이 행사할 수 있는 주권에 대한 정당한 한계는 어디까지인가? 사회의 권한은 어디에서부터 시작되는가? 인간 생활의 어느 정도까지가 개별성에 속하며, 또 어느 정도까지가 사회의 권한이어야 하는가?

만약 개인과 사회 각자에게 더욱 특별한 관련이 있는 것이라면, 각자가 적절한 권한을 갖게 될 것이다. 생활의 어느 부분이 주로 개인의 이해관계와 관련된 것이라면 개별성에 속해야 할 것이며, 주로 사회의 이해관계와 관련된 것은 사회의 것이어야 한다.

비록 사회가 계약에 근거해 성립된 것은 아니며, 사회적 의무들을 이끌어내기 위해 만들어낸 계약이 아무런 효력이 없다 해도, 사회의 보호를 받는 모든 개인은 사회적 혜택에 보답할 의무가 있으며, 사회 속에서 살고 있다는 사실로 인해 각자가 타인을 위한 일정한 행동 규칙들의 준수로 보답해야 한다는 것을 피할 수 없다.

이러한 행동 규칙은 첫째, 상호간의 이익, 혹은 명확한 법률 조항이나 암묵적 동의에 의해 개인의 권리로 인정되는 정당한 이익을 침해하지 않아야 한다.

둘째, 각 개인은 사회 또는 구성원을 해악과 공격으로부터 보호하기 위한 과정에서 필요로 하는 노동과 희생에 대한 자기 부담(이것은 공정한 원칙에 의해 규정되는)을 감당해야 한다. 이러한 의무 이행을 거부하는 개인에 대해서는 어떤 희생이 발생한다 해도 사회가 이 조건들을 정당하게 강제할 수 있다.

사회가 강제할 수 있는 것은 이것만이 아니다. 개인의 행동이 타인의 법적 권리를 침해하는 정도까지는 아니지만, 타인에게 해가 되거나 타인의 이익과 관련하여 정당한 배려를 하지 않았을 경우가 있다. 그런 경우에는 법에 따른 처벌은 아니어도 여론에 의해 정당하게 처벌할 수 있다.

개인의 행동 일부분이 타인의 이익에 해를 끼치게 된다면, 사회는 곧바로 그 문제에 대한 사법적 권한을 갖게 된다. 또한 그러한 행동에 사회가 개입하는 것이 일반적인 복지를 증진시키게 되는지에 대한 문제를 공개적으로 논의하게 된다.

그러나 개인의 행동이 자신 외에는 타인의 이익에 영향을 끼치지 않거나, 혹은 타인이 원하지 않는다면(이 문제에 관련된 사람이 모두 성인이고 지적 이해력을 소유한 사람들이어야만 한다) 영향력을 행사할 필요가 없으므로 그 문제는 전혀 제기될 필요가 없다. 이 모든 경우에, 그러한 행동을 하고, 그 결과에 대해 책임을 지는 것에서 각 개인은 법적, 사회적 자유를 완전하게 누릴 수 있어야만 한다.

이와 같은 주장을 타인의 삶과 행동에 대해 별 관심도 없으며, 자신의 이익과 관련되지 않으면 타인의 이익과 행복에도 간섭할 필요가 없다는 식의 이기적인 무관심을 조장하는 것으로 생각한다면 대단한 오해이다. 오히려 타인의 행복을 위한 사심 없는 노력을 감소시키는 대신 크게 증대시켜야 할 필요가 있다. 회초리나 매질보다 사심 없는 선행이야말로 사람들이 자신들의 행복을 얻기 위해 더 나은 수단을 찾을 수 있도록 해준다.

나는 절대로 자기중심적 미덕을 경시하지 않는다. 비록 사회적 미덕에 미치지는 못하지만 자기중심적 미덕은 중요하다. 이 두 가지를 다 계발해야 하는 것이 교육의 임무다. 그러나 교육에서도 강압적인 방법만큼이나 확신과 설득을 동원해야 효과를 얻어낼 수 있으며, 교육 기간이 끝난 다음에는 오로지 확신과 설득에 의해서만 자기중심적 미덕을 키워낼 수 있도록 해야 한다.

인간은 선악을 구별하여, 선을 선택하고 악을 기피하도록 서로 돕고 장려한다. 또한 각자의 고귀한 능력을 최대한 활용하는 방향을 선택하여 어리석음보다는 현명함을, 품위를 떨어뜨리기보다는 고상함을 유지하고, 높은 목표와 계획을 증진시키는 방향으로 서로를 끊임없이 자극해야 한다. 그렇다고 해도 어느 누구에게도 이미

성년이 된 타인에게 스스로 선택한 방식의 삶을 살면 안 된다고 말할 자격은 없다. 자신의 행복에 가장 관심이 많은 사람은 그 자신이기 때문이다. 타인이 갖고 있는 관심은 개인적으로 강한 애정의 관계를 제외하고는, 그 자신이 갖고 있는 관심에 비하면 별로 대수롭지 않은 것이다. 사회가 그 개인에 대해 갖는 관심(타인에 대한 그의 행동은 제외하고)은 부분적이고 간접적인 것이다. 반면에 가장 평범한 남자나 여자라 할지라도 개인은 자신의 감정과 환경에 대해 타인보다 훨씬 더 많이 알고 있다.

따라서 오로지 자신과 관련된 문제에서 본인 스스로 내린 판단과 목표를 사회가 간섭하여 좌우하려는 것은 분명 전적으로 막연한 가정에 근거한 것이다.

그러한 가정은 전적으로 잘못된 것일 수 있으며, 비록 옳다 할지라도 개인적인 일들에 대해서는 잘못 적용될 가능성이 적지 않다. 문제가 되는 상황에 대해 그저 외부에서 방관할 뿐인 사람들과 다를 바 없는 지식을 가진 사람들이 간섭을 하는 것이기 때문이다.

그러므로 이 부분에서는 개별성이 적절하게 작용될 수 있어야 한다. 서로에게 영향을 미치는 행동의 영역에서는 일반적 규범은 필수적으로 준수되어야 한다. 그렇게 해야 자신들이 기대해야 할 것이 무엇인지를 깨닫게 되기 때문이다.

그러나 개인의 고유한 문제라면 자발성을 자유롭게 구현할 권리가 있다. 그의 판단을 도와주려는 배려 또는 그의 의지를 강화시키려는 권고 정도는 타인이 할 수도 있다. 또는 경우에 따라 강요할 수도 있다. 그러나 최후의 결정은 그 자신이 할 수 있는 것이다. 타인의 충고와 경고에 따르지 않아 생길 수 있는 실수가 아무리 크다해도, 타인이 보기에 그에게 이익이 되는 것을 강제함으로써 파생되는 해악에 비하면 아무 것도 아니다.

개별성의 권한은 어디까지 가능한 것일까

한 개인에 대해 타인이 느끼는 감정이 자기 지향적인 자질이나 결점에 의해 어떤 영향을 받아서는 안 된다고 말하는 것은 아니다. 그것은 가능하지도 바람직하지도 않다. 만약 한 개인이 자신의 행복을 도모하는데 뛰어난 자질을 가지고 있다면 그는 타인들의 존경을 받을 만하다. 그 사람은 이상적인 인간 본성에 아주 근접해 있는 것이다. 그러나 반대로 그러한 자질을 갖추고 있지 못하다면 존경과는 반대되는 감정이 뒤따를 것이다.

세상에는 어리석은 행동도 있고, 비속하고 천박한 취향(이렇게 표현하는 것이 적절하지 않을 수도 있지만)도 있다. 이러한 취향을 가지고 있다 해서 그 사람에게 위해를 가하는 것은 정당화될 수 없다. 그러나 혐오의 대상이 되거나 혹은 극단적으로는 경멸의 대상이 되는 것은 필연적이며 적절하다. 부정적인 자질이 너무 강한 사람에 대해서는 누구라도 이러한 감정을 느끼지 않을 수 없을 것이다.

비록 타인에게 해를 끼치지는 않지만, 어리석은 사람 혹은 열등한 존재로 생각하게 만드는 행동을 하는 사람이 있다. 이러한 판단과 생각을 좋아할 사람은 없다. 따라서 미리 그에게 경고를 해 준다면, 그가 받게 될 원치 않은 결과를 피하게 해 주는 호의를 베푸는 것이 된다.

사실 이렇게 선하고 친절한 충고를, 오늘날 예의라고 생각하는 태도가 허용하는 것보다 훨씬 더 자연스럽게 전달할 수만 있다면, 또한 그러한 지적이 무례하거나 오만하게 보이지 않는다면 더욱 좋은 일이다.

타인에 대해 우호적이지 않은 감정을 다양하게 드러낼 수는 있지만, 타인의 개별성을 억압하는 방식이어서는 안 된다. 단지 자신의 개별성을 발휘하는 권리로써 행사될 수는 있다. 즉 드러내놓고 그 사람을 피할 권리는 없지만, 자신이 좋아하는 사람들을 선택할 권리는 있기 때문이다. 만약 타인의 행동이나 태도가 주변 사람들에게 해를 끼칠 것 같으면 그 사람을 주의하라는 경고를 할 수 있는 권리는 있다. 한편으로 그것은 의무이기도 하다.

우리는 선택적인 호의를 베풀 때, 그 사람의 개선에 도움이 되는 경우는 예외로 하고, 그 사람보다 다른 사람들에게 더 많은 혜택을 줄 수도 있다.

이처럼 다양한 형태로 한 개인은 직접적으로 자기 자신에게만 관련된 실수로 인해 타인으로부터 대단히 심한 벌을 받을 수도 있다. 그러나 그것으로 인한 고통은 자신의 잘못에서 비롯된 결과로서 자연스럽게 느끼는 것이지, 벌을 주기 위해 의도적으로 가해졌기 때문에 느끼는 것은 아니다.

경솔하고, 완고하고, 자만심에 빠진 사람, 검소한 생활을 할 수 없는 사람, 방탕한 생활에서 빠져 나오지 못하는 사람, 감성과 지성보다는 동물적 쾌락만을 쫓는 사람들은 자신에 대한 타인들의 평판이 좋지 않을 것을 각오해야 한다. 대인관계에서는 특별히 뛰어난 자질을 발휘하여 타인들로부터 호평을 받는 사람일지라도, 자신에게만 불리하고 타인의 이익에는 아무런 영향도 끼치지 않는 일에 대해 여전히 타인들의 호의를 받아내지 못한다면 그는 이 모든 악평에 대해 불평할 권리가 없다.

자신의 이익과는 관계되지만, 타인의 이익에 영향을 미치지 않는 행동과 성격으로 인해 감수해야 할 유일한 불편이 있다면, 타인으로부터 받는 비우호적인 태도뿐이다.

그러나 타인에게 해를 끼치는 행동은 전혀 다르게 취급되어야 한다. 타인의 권리를 침해하는 행동이란, 즉 정당한 권리 없이 타인에게 손해 또는 손실을 유발하는 것, 타인에게 거짓과 배신을 행하는 것, 불공평하고 악랄하게 자신의 이익만을 취하는 것, 심지어 타인에게 해가 되는 것을 알면서도 이기적인 이유로 모르는 척 하는 것 등등, 이 모든 행동은 도덕적 비난을 받아야 한다. 아주 심각한 경우에는 도덕적 보복과 제재까지도 받아야 한다.

이러한 직접적인 행동뿐만 아니라 그 행동을 유발시키는 성향도 비도덕적이기 때문에 당연히 비난의 대상이 된다. 잔인한 성격, 악의적이고 불량한 천성, 모든 격정 중에서 가장 반사회적이고 가장 혐오스러운 질투심, 위선과 불성실함, 이유 없는 분노, 타인에 대한 지배 욕구, 자기 몫 이상을 독점하려는 욕심(즉, 그리스인들이 말하는 탐욕), 타인을 업신여기며 얻는 만족감, 특히 자신과 관련된 이익을 무엇보다 우선적으로 생각하고 모든 의심스러운 문제는 자신에게 유리하게 결정해 버리는 자기중심주의 등등이 부도덕한 악덕이며, 추악한 성격을 형성하게 된다.

이것은 앞에서 말한 자기중심적 결점과는 다르다. 현실에서 그렇게 부도덕한 모습이라 할 수는 없기 때문이다. 아무리 극단적이어도 사악하다고 판단되지 않는 것들이다. 다만 어리석게 보인다든가, 인격적 존엄과 자존심이 결여된 증거일 수는 있다. 그 결점들로 인해 자신이 배려해야 할 타인의 권리가 침해될 경우에만 도덕적 비난의 대상이 된다.

도덕적 비난과 처벌은 어떤 경우에 이루어져야 하는가

자기 자신에 대한 의무인 것이 동시에 타인에 대해서도 동일한 의무라고 규정할 수 없는 것은 사회적 의무가 아니다. 자기 자신에 대한 의무가 사리 분별력 이상의 어떤 의미를 가진다면, 그것은 자존감 또는 자아발달을 의미한다. 이런 것에 관해서는 아무도 타인에 대해 책임질 필요가 없다. 그것은 인류 전체의 이익과 아무런 관계도 없는 것이기 때문이다.

사리분별이 없거나 인격적 존엄을 상실함으로써 타인으로부터 받는 비난과 타인의 이익을 침해하여 받게 되는 비난은 단순하게 구별되는 차이가 아니다. 우리가 어떤 사람을 통제할 권리가 있다고 생각되는 사항에서 우리를 불쾌하게 하느냐, 또는 규제할 권리가 없는 사항에서 우리를 불쾌하게 하느냐에 따라 그를 대하는 우리의 행동과 감정은 크게 달라진다. 우리를 불쾌하게 만드는 행동에 대해서는 싫은 감정을 표현할 수 있고, 그런 사람을 멀리 하여 피할 수도 있다. 그러나 그 사람의 생활을 불편하게 만들어야 한다고 생각해서는 안 된다.

그 사람은 이미 자신의 결점으로 인한 충분한 대가를 받고 있거나, 받을 것이라는 점을 생각해 볼 필요가 있다. 만약 그가 잘못된 처신으로 인생을 망치고 있는데 그러한 이유로 그의 인생을 더 망치게 해서는 안 된다. 그 사람을 처벌하기보다 그런 행동이 그 자신에게 끼칠 해악을 피하거나 치유할 수 있는 방법을 제시하여 그가 받는 처벌을 오히려 완화시키도록 노력해야 한다.

그런 사람은 사회에서 연민이나 혐오의 대상이 될 수는 있으나, 분노 또는 원한의 대상은 아니다. 따라서 마치 사회의 공공의 적인 것처럼 대해서는 안 된다. 만약 그에게 관심과 애정을 보이며 선의로 간섭하려는 것이 아니라면, 그가 하는 대로 내버려두는 것이 우리가 정당하게 행사할 수 있는 가장 가혹한 처사일 것이다.

만약 개인적이든 집단적이든 우리의 이웃을 보호하는데 필수적인 규칙을 위반했다면 사정은 전혀 달라진다. 그 행동은 자신에게가 아니라 타인에게 해를 끼치는 결과를 낳기 때문이다. 따라서 구성원들을 보호하기 위해 사회는 그를 처벌해야 한다. 처벌의 목적에 맞게 명백한 고통을 가해야 하며, 충분히 가혹하도록 주의를 기울여야 한다. 이 경우는 그 사람이 법정에서 가해자이고 사회는 그를 심판하고 판결을 내려야 할 의무가 있다. 그러나 이와 다른 경우도 있다. 즉 단순히 자신의 결점을 드러내기만 한 경우라면, 그에게 어떤 형태로든 고통을 줄 권리는 없다.

여기서 내가 자신에게만 관련된 생활 영역과 타인과 관련된 생활 영역을 구분하여 이야기하는 것에 대해 많은 사람들이 거부감을 보일 것이다. 그들은 이렇게 물을 수 있다. 사회 구성원 중의 한 사람의 행동이 다른 구성원에게 아무런 영향을 끼치지 않는 것이 어디 있겠는가?

어느 누구도 완전히 고립되어 살 수는 없다. 자신과 아주 가까운 사람 또는 아주 멀리 떨어진 사람들에게도 피해를 주지 않고 오로지 자신에게만 아주 심각하게 해로운 행동을 영원히 할 수 있는 경우는 없다. 만약 그가 자신의 재산을 잃게 되면 그것은 직접적이든 간접적이든 그에게서 도움을 받고 있던 사람들에게 해를 끼치는 것이다. 또한 많은 것이든, 적은 것이든 사회적 자원을 감소시킨 것이다. 만약 그가 자신의 신체적 또는 정신적 능력을 떨어뜨린다면 그에게 의지하여 행복을 얻고 있는 모든 사람들에게 해를 입힐 뿐만 아니라, 동료들에게 보답해야 할 의무를 수행할 수 없게 된다. 결국 동료들의 연민과 호의를 받게 되는 부담스러운 존재가 될 수도 있다. 만일 그러한 행동이 자주 반복된다면 사회 전체의 복지를 축소시키는 범죄가 되는 것이다.

결국 개인의 악덕과 어리석은 행동으로 인해 타인에게 직접 해를 주지 않는 경우라 해도, 좋지 않은 선례를 남김으로써 타인에게 해를 줄 수도 있다. 그러한 행동을 모방하거나 타락하여 잘못을 저지르게 될 사람들을 보호하기 위해서는 강제로 통제하는 것이 당연하다고 주장하는 사람들도 있을 것이다.

또 덧붙여 이렇게 주장할 것이다.

설령 나쁜 행동의 결과를 악의적이고 부도덕한 그 개인의 책임으로 돌릴 수 있다 해도, 스스로 자기 규율을 실천할 능력이 없는 사람들을 자기 방식대로 살도록 방임해도 좋다는 말인가?

만약 어린이나 미성년자들이 사회의 보호를 원하지 않아도 마땅히 보호해야 하는 것이 원칙이라면, 성인이지만 자기 규제의 능력을 상실한 사람도 똑같이 보호해야 하는 것이 아닌가?

만약 도박, 과음, 무절제, 게으름, 혹은 불결함 등 법으로 금지된 대다수의 행동만큼이나 사람들의 행복을 해치고 개인의 발전을 방해하는 것이라면 현실적인 사회적 편의를 고려하여 법으로 억압해야 하는 것이 아닐까? 그리고 법이 불가피하게 불완전할 수밖에 없다면 그에 대한 보완책으로 최소한 여론이 이러한 악덕에 대한 강력한 감시기관을 구성하여 그런 행동을 하는 사람들에게 사회적 제재를 가해야 하지 않을까?

이때 개별성을 억압한다든가, 혹은 새롭고 독창적인 삶을 실천하려는 것을 방해해서는 안 된다는 것은 새삼 강조할 필요도 없을 것이다. 오직 금지되어야 할 것이 있다면 태초부터 오늘에 이르기까지 실천된 것 중에서 나쁜 것으로 결론이 내려진 것이다. 즉 오랜 경험을 통해 어느 누구의 개별성에도 도움이 되지 않고 적합하지 않다고 판명된 것뿐이다. 도덕적이며 심오한 진리로 확정되는 것은 오랜 세월과 풍부한 경험이 축적된 것이다. 따라서 우리의 선조들에게 치명적인 타격을 입혀 죽음의 길로 인도한 그 절벽에서 우리의 후손들이 다시는 떨어지지 않도록 해야 하는 것은 당연하다.

사회적 제재에 대한 반론

개인이 스스로 저지르는 악행이 그와 가까운 사람들, 그리고 정도는 약하지만 사회 전체에 동정심을 불러일으키고 이해관계에 따라 심각한 영향을 미칠 수 있다는 것은 충분히 인정한다. 이런 종류의 행동으로 타인에게 분명히 이행해야 하는 의무를 소홀히 하게 된다면 자기 지향적 행동의 범위에서 벗어나 본래적 의미의 도덕적 비난을 받게 된다.

예를 들면 무절제한 낭비로 빚을 갚지 못하거나 혹은 가족에 대한 도덕적 책임이 있는데도 불구하고 같은 이유로 가족을 부양하고 교육시킬 수 없다면 비난받는 것은 마땅하고 처벌받는 것이 당연할 수도 있다. 그러나 그 처벌은 가족이나 채권자에게 의무를 다하지 않은 것 때문이지 개인의 무절제한 낭비 때문이 아니다. 또한 가족에게 투자되어야 할 돈이 가장 합리적인 투자에 이용되었다고 해도 도덕적 비난은 피할 수 없다.

조지 반웰이라는 사람이 애인에게 줄 돈을 마련하기 위해 숙부를 살해했는데 자신의 사업을 위해 살인을 했다 해도 마땅히 교수형에 처해졌을 것이다. 즉 주변에서 흔히 일어나는 일이지만 나쁜 취미에 빠져 가족에게 고통을 주는 사람의 경우도 그의 무책임과 비정함은 당연히 비난받아야 한다. 그러나 그 자체로는 나쁘지 않은 개인의 취미이지만 그와 함께 생활하는 사람이나 혈육관계로 인해 편안한 삶을 의탁하고 있는 사람들에게 고통을 주는 것이라면 역시 비난을 받을 수 있다.

타인의 이익과 감정에 대해 적절한 수준의 고려를 하지 않으면 누구든지 도덕적 비난의 대상이 된다. 이러한 배려는 강제되는 것은 아니지만 자신의 선호에 의해 변명할 수 있는 것이 아니다. 고려할 수 없었던 부득이한 사정이 있었거나, 혹은 극히 간접적이지만 개인적인 실수 때문이었다면 비난할 수는 없다.

그러나 이와 같은 논리에 의해, 개인이 오로지 자신과 관계되는 행동으로 공적인 의무를 실천하지 못했다면 사회적 범죄를 저지른 셈이다. 누구도 단순히 술에 취했다는 이유로 벌을 받지는 않는다. 그러나 군인이나 경찰이 근무 시간 중에 술에 취하면 마땅히 처벌 사유가 된다. 요약하면 개인이나 대중에게 명백하게 해를 끼치거나 손해를 끼칠 위험이 있는 행동은 자유의 영역에서 벗어나 도덕 또는 법률의 적용 대상이 된다.

그러나 구체적인 공공의 의무를 이행하지 않은 것도 아니고, 자신 이외의 어떤 특정한 사람에게 뚜렷한 해를 입히지 않는 행동에 대해 단순히 개연적 또는 추정적 피해를 일으킬 것으로 여겨지는 불편에 대해서는 인류의 자유라는 커다란 목적을 위해 사회가 감수해야 한다.

사회가 개인을 억압할 수 없는 이유

성인이 자신을 적절히 보호하지 못했다고 해서 처벌받아야 한다면 그 처벌은 그 사람 자신을 위해 이루어져야 한다. 개인의 능력이 손상되는 것을 방지하기 위해서라든가, 사회에 기여해야 할 개인의 의무를 주장하면서(사회는 그러한 권리가 없다) 사회가 그 개인을 억압해서는 안 된다고 생각한다.

그러나 허약한 구성원들을 합리적 행동을 할 수 있는 수준으로 끌어올릴 수 있는 수단을 사회가 갖추지 못했기 때문에 그들이 비합리적인 행동을 한다면 그때 법적, 도덕적 처벌을 할 수밖에 없다고 주장하는 것에 대해 나는 결코 동의할 수 없다.

그들이 아직 미성년일 때 사회는 그들을 절대적으로 통제할 수 있다. 또한 어린아이와 미성년인 동안에 사회 내에서 합리적 행동을 할 수 있는지를 충분히 시험해 볼 수 있다. 기성세대는 다가올 세대의 교육을 담당하여 새로운 환경을 만들어주어야 한다. 그러나 안타깝게도 현 세대 스스로가 선과 지성이 결여되어 있다면 다음 세대를 완전히 현명하고 선하게 만들 수는 없다. 그러나 뒤를 잇는 세대 전체를 자신들과 동등하거나 또는 조금 더 낫게 만들 수는 있다. 만약 구성원 대다수를 어린아이 상태로 내버려두고 장기적인 목표 아래 합리적으로 행동할 수 있게 만들지 못한다면 그 결과에 대한 책임은 사회가 감수해야 한다.

사회는 교육을 통제할 수 있는 힘을 가졌을 뿐만 아니라 자기 스스로 판단할 능력을 상실한 사람들에게 여론의 권위를 행사할 수 있는 권한을 이미 가지고 있다. 따라서 주변 사람들로부터 혐오와 경멸을 받는 사람들을 자연스럽게 제재할 수 있는 힘을 아무 노력 없이 가지게 되는 것이다.

그러므로 사회가 이 모든 힘 외에 개인의 사적인 일에도 명령하고 복종을 강요할 권리를 가져야 한다고 주장하면 안 된다. 정의의 원칙과 정책의 합리성에 비추어 보았을 때 개인의 결정권은 그 결과에 영향을 받는 사람에 의해 선택되어야 한다.

결정을 내리는 행동에 영향을 미치는 가장 좋은 수단은 방해하고 견제하는 것이 아니라 더 나쁜 선택을 하지 않도록 하는 것이다. 만약 사회가 누구에게도 지지 않는 독립적인 성격을 소유한 개인에게 판단력과 자제심을 강제로 불어넣으려고 하면 반드시 반항할 것이다. 그러한 사람이 타인의 문제를 방해하려고 할 때 억제되어야 하는 것과 마찬가지로 자신의 문제를 타인이 통제할 권리는 전혀 없다고 생각한다.

따라서 약탈적 권력에 정면으로 도전하여 사회의 명령을 거부하는 행동이라면 당연히 강한 기백과 용기의 표상이 될 것이다. 그와 같은 예는 찰스 2세(역자 주 : 찰스 2세Charles II 1630~1685. 단두대에서 처형당한 찰스 1세의 아들이다. 찰스 1세 죽음 이후 영국에서는 군주제가 사라지고 입헌정치가 실시되었으나, 청교도 혁명의 주역이었던 크롬웰의 전제적 권력행사에 시달리던 영국은 다시 찰스 2세를 맞이하여 스튜어트 왕조를 복권시키려고 했다. 가톨릭을 신봉하던 찰스 2세는 영국의 신교에 대항하여 가톨릭의 부활을 꾀했다.) 시절 광신적인 도덕률을 행사한 청교도들에 맞서 싸운 것에서 찾아볼 수 있다.

악의적이고 방탕한 사람들이 보여준 나쁜 선례로부터 사회를 보호하는 것은 반드시 필요하다고 말할 수 있다. 특히 나쁜 행동을 한 사람이 처벌되지 않았던 선례는 사회에 해가 되는 결과를 가져온다는 것은 진실이다. 그러나 우리가 지금 논의하는 것은 타인에게는 전혀 해를 끼치지 않고 오직 행위자 자신에게 큰 해를 끼치는 행동에 대한 것이다.

나쁜 선례로부터 사회를 보호해야 한다고 믿는 사람들이 그 나쁜 선례가 해로운 것이 아니라 유익할 수도 있다는 생각은 왜 못하는지 모르겠다. 그러한 선례는 악행을 보여줄 뿐만 아니라 고통스럽고 수치스러운 결과까지 동시에 보여주기 때문이다. 만약 그것이 비난받는 것이 정당하다면, 모든 또는 대부분의 선례에서도 같은 결과가 나타날 것이다. 그러나 완전히 개인적인 행동에 대해 사회가 억압할 수 없는 가장 중요한 이유는, 억압해서는 안 될 장소에서, 또는 상황에서 일어날 확률이 높기 때문이다. 사회적 도덕률과 타인에 대한 의무 등의 문제에서는 대중의 여론, 즉 지배적 다수의 의견이 가끔 잘못될 수도 있지만 대부분은 옳은 경우가 많다.

그러한 문제에 대해 대중은 오직 자신들의 이익을 위해 판단하고, 어떤 행동을 허용했을 때 자신들에게 어떤 영향을 미치는지에 대해 판단하기 때문이다. 그러나 대중 여론에 의해 소수의 사람들에게 법으로 강요되는 문제에서는 옳을 수도 있지만 잘못될 경우도 많다.

이런 경우에 대중 여론이란 기껏해야 선악에 대한 일부 사람들의 의견에 불과하다. 또한 대부분은 가장 무책임한 태도로 별로 관련도 없는 사람들의 쾌락이나 편의에 대해 그저 자기 자신들의 기호에 따라 판단하기 때문이다. 이들 중 많은 사람들은 자신들이 혐오하는 행동은 자신들에게 해가 된다고 생각하고 모욕을 당한 것처럼 싫어한다.

마치 극단적인 종교인이 타인의 종교를 무시했다는 비난을 받게 되면, 오히려 상대방이 이단적인 교리와 신앙으로 자신의 종교적 감정을 무시한다고 반박하는 경우와 비슷하다. 그러나 어떤 사람이 자신의 의견을 지지하는 감정과 그 의견을 지지한다는 이유로 모욕 당했다고 느끼는 감정 사이에는 커다란 차이가 있다. 도둑이 지갑을 훔치고 싶어 하는 욕망과 그것을 당연히 지키려 하는 주인의 욕망이 완전히 다른 것과 마찬가지이다.

한 개인의 취향이란 의견이거나 지갑과 마찬가지로 각 개인의 특별한 관심사이다. 모든 불확실한 문제에 대해서는 개인이 자유롭게 선택하고 판단하도록 내버려 두면서, 보편적 경험에 의해 비판되는 일부 행동만을 자제하는 이상적인 사회를 상상하기는 쉬운 일이다.

그러나 개인에 대한 검열의 한계를 스스로 자제할 수 있는 사회가 일찍이 존재한 적이 있을까? 또한 보편적 경험에서 비판되는 행동에 대해 사회가 살펴보는 일이 있을까? 개별적 행동을 억압하는 사회는 사람들과 다르게 행동하고, 다른 감정을 갖는다는 것에 대한 극도의 분노를 보이는 것 외에 다른 판단은 없다.

이러한 판단 기준은 위장된 형태로 90%의 도덕주의자들과 사상가들에 의해 종교와 철학의 명령으로 인간들에게 제시된다. 이들은 자신들이 옳다고 주장하는 것은 그것들이 옳기 때문이라고 가르친다. 또한 우리 자신과 타인을 구속할 수 있는 행동의 규범을 우리 자신의 정신과 마음속에서 찾으라고 한다. 불쌍하게도 대중은 이런 가르침을 받아들여 선악에 대한 개별적 감정을 세상에 대한 의무로 받아들이는 것 외에 달리 무엇을 할 수 있겠는가?

부당한 종교적 사례 - 이슬람교와 스페인

앞에서 논의한 문제는 단순히 이론적으로 존재하는 것이 아니다. 이 시대를 살고 있는 영국의 대중들은 내가 자신들이 좋아하는 것을 도덕적 기준으로 수용하고 있는 부당한 사례를 구체적으로 보여 줄 것을 기대할지도 모르겠다. 나는 현존하는 도덕 감정의 탈선에 대한 글을 쓰고 있는 것이 아니다. 이 주제를 설명조로 그리고 실례를 들어가며 논의하는 것은 쉽지 않다.

그러나 내가 주장하는 원칙이 아주 심각하며, 지금의 실정을 반영한 것 또한 실재하지 않은 문제를 만들어 방어하려는 것이 아니라는 사실을 증명하기 위해 실례를 들 필요는 있다. 이른바 도덕 감시라는 행위가 가장 정당한 개인의 자유를 광범위하게 침해하는 것이 보편적으로 이루어지고 있다는 것을 보여주는 것은 힘든 일이 아니다.

첫 번째 예로, 단지 자신들과 다른 종교적 견해를 가진 사람들이 자신의 종교적 금기사항을 지키지 않는다는 이유로 반감을 갖는 경우를 생각해 보자. 아주 사소한 예이지만, 기독교의 교리와 관습 중에서 돼지고기를 먹어도 된다는 사실은 이슬람 교인들이 가장 증오하는 것이다. 식욕을 채우는 음식 문화에 지나지 않는데도 기독교와 유럽인에 대해 이보다 더 혐오하는 행위는 없다. 돼지고기를 먹는 것을 그들 종교에 대한 모욕적 행위라고 생각하기 때문이다. 그러나 이러한 말로 그들의 증오감을 이해하기는 힘들다. 왜냐하면 포도주 역시 그들의 종교에 의해 금지되어 있지만, 포도주를 마시는 것을 좋지 않은 일이라고 생각하지만 혐오하지는 않을 것이기 때문이다.

불결한 짐승의 고기에 대한 그들의 혐오감은 그들의 독특한 성격으로 미루어 본능적 반감과 유사하다. 즉 그들은 불결하다는 생각이 감정 속에 깊숙이 자리 잡으면 평소에 종교적 엄격함을 순결하게 지키지 않았던 이슬람 교인들조차 본능적인 반감을 느끼게 되는 것이다. 힌두교도들이 종교적 불순함에 대해 나타내는 본능적 반감도 그 대표적인 사례이다.

이슬람 교인이 대다수인 나라 안에서 돼지고기 먹는 것을 금지할 것을 주장한다고 가정해 보자. 이슬람 국가에서는 새삼스러운 일도 아니다. ^{저자주}1 과연 이것이 대중 여론이 도덕적 권위를 정당하게 행사한 것일까? 그렇지 않다면 그 이유는 또 무엇일까? 돼지고기를 먹는다는 것은 대중에게는 정말 혐오의 대상이다. 그들은 그것을 신에 의해 금지된 저주받을 일이라고 진실로 믿는다. 따라서 그러한 금지는 종교적 박해라고 비난할 수도 없다. 처음에는 종교적인 성격으로 시작했을 것이기 때문이다.

그러나 어떤 종교든 돼지고기 먹는 것을 의무화하지 않는다. 따라서 이것을 종교적 박해라고 말할 수도 없는 것이다. 그러한 금지를 비난할 수 있는 유일한 근거는 사회는 개인적 취향과 자기 지향적 문제에 대해서 간섭할 권리가 없다는 점이다.

이제 좀 더 가까운 곳의 예를 들어보자. 대대수의 스페인 사람들은 로마 가톨릭 교회 의식에서 벗어난 방법으로 초월자를 숭배하는 것을 대단히 불순하게 생각하며 신에 대한 최대의 모욕으로 간주한다. 스페인 땅에서 다른 교리의 종교는 불법이다. 또한 남부 유럽 사람들은 사제들이 결혼하면 비종교적인 사람으로 바라볼 뿐 아니라 행실이 나쁘고 품위가 없으며 경박하고 경멸받을 만한 것으로 여긴다.

개신교는 이렇게 성실한 신앙심과 이것을 가톨릭 신자가 아닌 사람들에게까지 적용하려는 시도를 어떻게 생각할까? 만일 타인의 이익과는 관련이 없는 일에 있어 각각의 개인이 갖는 자유를 인류가 간섭하는 것이 정당화된다면, 어떤 원칙에 의해 이와 같은 경우들을 일관되게 배제시킬 수 있을까?

또 신과 인간과의 관점에서 비도덕적인 것으로 여겨지는 것을 억제하려는 사람들을 누가 비난할 수 있겠는가? 개인적으로 비도덕성이라고 여겨지는 행동을 억압할 때 신에 대한 불손함이라는 이유를 내세우는 것보다 더 강력한 무기는 없다.

이러한 박해자들의 논리를 인정하고 받아들인다면, 우리가 옳기 때문에 다른 사람들을 억압할 수 있으며, 상대가 옳지 않기 때문에 우리를 억압할 수 없다고 말하는 것과 같다. 그러나 정의롭지 않은

원리가 우리에게 적용될 때 억울하게 느끼는 것을 타인에게 함부로
적용할 수 없는 것이다.

개인의 자유를 억압하는 종교적 편견

앞에서 보여준 예들이 말도 안 되는 경우이며, 영국에서는 불가능
한 우연한 사례를 바탕으로 한 것이라고 비판할지도 모른다. 영국
에서는 육식을 금하거나, 자신들의 종교적 교리나 성향에 따라 예
배를 보거나, 결혼하거나 하지 않거나와 같은 개인에 대한 간섭이
거의 있을 수 없기 때문이다.

   그러나 다음의 경우는 영국에서 그러한 위험이 완전히 사라졌다
고 볼 수 없는 개인의 자유를 억압한 사례이다. 미국의 뉴잉글랜드
와 공화국 시대의 영국에서는 청교도(역주 : 16~17세기 영국에서 칼뱅주
의를 신봉하여 가톨릭에 반대하여 일어난 신교[프로테스탄트] 세력. 영국의 제임스
1세와 찰스 1세 때 심한 박해를 받고 여러 지역으로 피해갔다. 그 중에서 1620년
메이플라워호를 타고 신대륙[미국의 뉴잉글랜드]으로 건너간 청교도가 특히 유명하
다. 근면, 검소, 절약 등 지나치게 금욕적인 윤리를 요구했다.) 세력들이 모든 권
력을 장악하는 데 성공했다. 그들은 대중적인 오락을 비롯하여 개
인적인 놀이시설 특히 음악과 춤, 체육대회, 축제와 같은 집회와 연
극 등을 탄압했다. 영국은 지금도 이들의 도덕적, 종교적 관점에 의
해 이러한 종류의 오락들이 거부되고 있다.

이들이 현재 영국의 사회와 정치를 대부분 점유하고 있는 중산층 계급이다. 따라서 이러한 사상을 가진 사람들이 머지않아 영국 의회에서 다수를 차지할 수도 있을 것이다. 그러나 그들 외의 나머지 사람들이 자신들에게 당연히 허용되어야 할 오락이 엄격한 칼뱅파와 감리교 신도들에 의해 도덕적, 종교적으로 규제되는 것을 허락할까?

그들은 쓸데없이 남의 일에 간섭하는 경건한 신자들에게 자기 일에나 열중하라고 요구하지 않을까? 즉 자신들이 볼 때 잘못이라고 생각하는 쾌락은 누구도 즐길 수 없다고 억압하는 모든 정부와 대중여론에게도 이처럼 말할 수 있지 않을까?

그러나 만약 이런 주장의 원칙이 수용된다면 그 나라의 대다수 영향력 있는 세력들의 판단에 의해 적용된 논리에 대해 누구도 합법적으로 반대할 수 없게 된다. 즉 그 나라의 모든 사람들은 뉴잉글랜드의 초기 개척자들이 받아들였던 이상적인 기독교 국가에 순응할 준비를 해야 할 것이다. 몰락해가는 종교들이 흔히 그러하듯이 잃어버린 종교적 근거를 회복하는 데 성공한다면 말이다.(역자 주 : 영국에서의 종교적 박해를 피해 신대륙으로 건너간 청교도 세력들이 그곳에 자신들의 종교적 신념에 따른 이상적 기독교 국가를 세우려고 했던 것을 가리킨다.)

개별성이 억압되는 미국의 금주법

지금 논의한 것보다 더욱더 잘 실현되고 있는 다른 사례를 살펴보자.

근대 사회는 대중적 정치제도를 갖추었거나, 갖추지 못했거나 민주적 정치 질서를 지향하려는 경향이 강해지고 있다. 이러한 경향이 가장 잘 실현되고 있는 나라, 즉 사회와 정부가 가장 민주적인 미국이 그렇다. 미국에서는 일반 대중이 따라갈 수 없을 정도로 화려하거나 부유한 생활방식에 대해 많은 사람들이 불쾌하게 생각한다. 그리고 사치금지법으로 그것을 억제함으로써 대중의 감정에 상당한 효과를 만들어 낸다. 이 신생 국가에서는 소득이 많은 사람이 대중의 비난을 받지 않으면서 마음대로 소비할 수 있는 일이란 쉽지 않다는 것을 알 수 있다.

이것만으로 현실을 설명하기에는 상당히 과장된 것으로 보이지만 충분히 상상되는 일이다. 개인이 자신의 소득을 소비하는 방식에 대해 대중이 거부권을 가지는 것이 민주적이라고 느낄 때 나타나는 결과이다. 여기에서 한 걸음 더 나아가 사회주의적 이론이 상당히 보급된 사회라면, 육체노동을 하지 않고 돈을 번다는 것 또는 일정한 재산 이상의 돈을 갖는 것은 대다수 사람들의 눈에는 수치스러운 것으로 보이는 것이다.

이미 노동자 계급에는 이와 유사한 이론이 널리 보급되어 그들의 구성원들을 강압적으로 지배하고 있다. 그들은 주로 그 이론에 순종하는 사람들이다. 내가 알기로 각종 산업 분야에서 대다수를 차지하는 저임금 노동자들 사이에서는 일을 잘하든, 못하든 동일한 임금을 받아야 하며, 기술이 좋거나 더 부지런하다는 이유로 다른 사람보다 더 많은 임금을 벌 수 있게 허용해서는 안 된다는 의견이 확고하다. 그래서 그들은 일종의 감시기관 때로는 물리적 제재를 행사하여 고용주가 일을 더 잘하는 노동자에게 더 많은 임금을 지불하는 것을 저지한다.

만약 사회가 개인의 사적인 문제에 대해 간섭할 권리가 있다고 한다면 이들 노동자들이 잘못하고 있다고 볼 수 없을 것이다. 또 한 개인이 소속된 특정 집단에서 그 개인의 행동에 사회 전체가 일반 사람들에게 주장하는 동일한 권리를 행사하는 것도 비난할 수 없을 것이다.

그러나 가상적인 경우만으로 논의할 필요도 없이, 이미 지금은 사생활의 자유가 광범위하게 침해당하고 있으며 우리를 위협하고 있다는 것은 그것이 실현될 가능성이 무척 높다는 것이다. 또한 사회는 옳지 않다고 생각되는 모든 것을 법으로 금지할 수 있으며, 잘못을 근절시키기 위해서는 많은 사람들이 죄가 아니라고 생각하는 것까지 금할 수 있다는 무제한적인 권리가 나타나고 있다.

영국에서 왜곡되고 있는 사회적 권리

지나친 음주를 방지한다는 명분으로 영국 식민지 중의 한 곳과 미국 대부분에서 의료용이 아닌 발효성 음료의 제조를 법으로 금지하고 있다. 판매를 금지하는 것은 사실 그 목적대로 사용을 금지한 것이나 다름없다. 그러나 금주법을 채택한 미국의 몇몇 주에서는 현실적으로 실행이 불가능하여 결국 폐지했다. 금주법이란 명칭에 주의 이름을 채택한 곳도 마찬가지였다.

그런데도 영국에서는 이른바 박애주의자들이 이와 유사한 법을 맹렬히 추진하고 있다. 그들은 스스로를 '동맹(또는 연대)'이라 칭하며 협회를 결성했다. 이 협회가 최근에 여론의 주목을 받아 신랄한 비판을 받았다. 협회의 이사와 스탠리 경(역자 주 : 스탠리Henry Stanley 1826~1893. 영국의 자유주의적 정치가. 온건파) 사이에 주고받은 서신이 공개되었기 때문이다. 스탠리 경은 평소에 '정치가의 의견은 반드시 원칙에 입각해야 한다.'고 주장하는 영국에서 몇 안 되는 영향력 있는 인물들 중의 한 사람이다. 이 편지에서 스탠리 경은 자신에게 희망을 기대하고 있는 사람들 – 그들은 공적활동에서 그와 같은 정치적 자질을 드러낸 사람이 얼마나 드문지를 아는 사람들이었다 – 에게 자신의 입지를 더욱 강화시키고 있었다.

협회의 이사는 '편협한 종교와 억압을 정당화하는데 왜곡될 수 있는 어떤 원칙이 인정되는 것을 아주 유감스럽게 생각'하며 자신과 그러한 원칙 사이에는 '너무나 큰 장벽'이 가로놓여 있다고 주장한다.

즉 그는 사상, 의견, 양심과 관계되는 모든 문제는 법의 영역 밖에 있는 것이며, 사회적 행동, 관습, 인간관계는 개인이 아니라 국가에 속한 권한이라고 말한다. 그러나 이 중에서 어디에도 속하지 않는 제3의 영역, 개인적 행동과 습관에 대해 아무런 언급도 하지 않는다. 발효된 술을 마시는 것이 제3의 영역이 확실한데도 언급하지 않은 것이다. 발효된 술을 판매하는 것은 상업 행동이고, 그것은 분명 사회적 행동이다.

그러나 판매자의 자유가 아니라 수요자와 소비자의 자유가 침해된다는 것이 문제이다. 왜냐하면 국가가 고의로 개인의 주류 구입을 금지하는 것은 결국 음주를 금하는 것이기 때문이다. 그러나 협회의 대표는 '나의 사회적 권리가 타인의 사회적 행동에 의해 침해당한다면 나는 시민으로서 그것에 반대하는 법률을 제정해 줄 것을 요구할 수 있다.'고 말하고 있다.

그가 주장하는 '사회적 권리'란 이런 것이다.

주류 판매는 나의 사회적 권리를 침해하는 것이 분명하다. 그것은 끊임없이 사회적 혼란을 만들어내고 자극하여 안전에 대한 나의 기본권을 침해한다. 또한 내가 낸 세금으로 구제해야 할 불쌍한 시민들을 만들어 내고, 그들로부터 이익을 얻기 때문에 나의 평등권을 침해한다. 내 주변을 위협하여 사회적 관계를 약화시키고 문란하게 만들어 도덕적, 지성적 발전을 도모하려는 나의 권리를 침해한다.

'사회적 권리'의 정의에 대해 이와 같이 주장한 사람은 그가 처음일 것이다. 타인에게 자신의 행동과 모든 면에서 동일하게 행동할 것을 요구하는 것은 바로 개인의 절대적인 사회적 권리이며, 극히 사소한 부분이라도 실천하지 못한 사람은 나의 사회적 권리를 침해하는 것이다. 그러므로 이 경우에 나는 문제를 해소시켜 달라고 입법부에 요구할 자격이 있다는 것이다.

이 가공할 만한 원칙은 자유의 개별성을 침범하는 어떤 종류의 것보다 심각하다. 즉 이 원칙에 의하면 어떠한 형태를 띤 자유의 침해도 정당성을 갖게 된다. 아마도 자신의 의견을 마음속에 숨겨 두는 자유만을 제외하고, 자유에 대한 어떤 권리도 인정하지 않는 것이 될 것이다. 왜냐하면 해로운 것이라고 생각하는 나의 의견이 사람들의 입을 통해서 발설되는 순간, 그것은 '동맹'이 나에게 부여한 모든 '사회적 권리'가 침해당하기 때문이다. 이것은 인간은 모두 각각 자신의 기준에 따라 타인의 도덕적, 지성적, 그리고 육체적 완벽까지도 간섭할 수 있는 기득권이 있다고 선언하는 것이다.

개인의 정당한 자유를 침해한 또 다른 중대한 사례가 있다. 단순한 위협 정도가 아니라 오래 전부터 시행되어 성공적으로 영향을 끼친 안식일을 지켜야 하는 법이다. 일상적인 생활에서 어쩔 수 없는 경우를 제외하고, 일주일에 하루를 쉬는 것은 유대인을 제외한 다른 사람들에게는, 종교적 구속력이 없는 아주 유익한 관습이 틀림없다.

그러나 노동자들 사이에서는 일반적 동의 없이 성립할 수 없는 관습인 만큼, 일부 노동자가 안식일에 일을 하게 되면 다른 사람들도 일을 하도록 강요하지 않을 수 없다. 따라서 법으로 어느 특정한 날에 대부분의 산업 활동을 정지시켜 관습을 지키도록 하는 것은 정당한 일이라 할 수 있다.

　그러나 여기에서 정당하다는 것은 타인의 이익에 직접적으로 영향을 끼친다는 것을 근거로 한다. 그러므로 개인적으로 여가 시간을 활용할 수 있다고 생각하여 스스로 선택한 업무에 적용시킬 수는 없으며, 마찬가지로 휴일에 즐기는 오락을 법적으로 제한하는 것도 전혀 옳지 않다.

　일부 사람의 오락이 다른 사람에게는 하루의 노동이 된다는 것은 사실이다. 그러나 유익한 오락은 물론이고, 다수의 즐거움을 위한 소수의 노동은 - 만약, 그 일을 자유롭게 선택하고 언제든 그만둘 수 있다면 - 충분히 가치 있는 일이다.

　만약 모든 사람이 일요일에 일을 하게 된다면, 7일 동안 일을 하고 6일분의 임금만 받게 되는 것이 아니냐는 생각은 지극히 당연하다. 하지만 대다수의 사람들이 일을 하지 않게 된다면 그들의 오락을 위해 일을 해야만 하는 소수의 사람들은 그에 비례해 더 많은 돈을 받게 된다. 그리고 그들이 임금보다 휴식을 더 원한다면, 그 일을 해야만 할 의무는 없다.

　만약 더 나은 보완책을 모색한다면 이들 특정 부류의 사람들을 위해 주 중의 다른 날을 휴일로 하는 관습을 만들 수도 있을 것이다.

그러므로 일요일에 즐기는 오락을 금지할 수 있는 유일한 근거는 그들이 종교적으로 불경한 것이어야 한다. 이러한 동기 아래 법이 만들어지면 정말 반대하기 어렵다. '신에 대한 불의는 신이 보복한다.' 즉 사회 또는 공적 기관이 초월자에게 죄를 짓는 일에 대해 단죄할 사명을 하늘로부터 부여받았는지는 아직 증명되지 않은 과제로 남아 있기는 하다.

　　다른 사람을 종교적으로 만드는 것이 인간의 의무라는 믿음이 지금까지 행해진 종교적 박해의 근원이었다. 만일 이것을 인정한다면 그들은 완전히 정당화된다. 물론 일요일의 기차 여행을 금지하려는 여러 차례의 시도나 (일요일의) 박물관 개관을 반대하는 운동, 기타 비슷한 움직임에 깔려 있는 감정은 과거 시대처럼 잔혹한 종교적 박해는 아닐지라도 드러나는 심리상태는 동일한 것이다.

　　이것은 자신의 종교를 타인들이 따른다 해도 박해자의 종교에서 허용되지 않는 것을 타인들이 행하는 것은 묵인하지 않겠다는 결의이다. 신은 이교도의 행동을 증오할 뿐만 아니라, 이교도를 내버려두는 것은 자신의 신에게 죄를 짓는 것이라고 생각하는 믿음이라고 할 수 있다.

몰몬교를 억압할 수 있는 권리는 전제 정치뿐이다

인간의 자유가 무시되는 이와 비슷한 사례로 추가하지 않을 수 없는 것이 있다. 이 나라의 신문들이 몰몬교(역자 주: 1830년 미국에서 조셉 스미스Joseph Smith[1805~1844]에 의해 창설된 그리스도교의 한 교파. 미국 내에서 박해를 받아 황무지였던 현재의 유타주 솔트레이크로 집단 이주했다. 1950년대 한국에도 몰몬교 선교사들이 있었다.)에 가하는 언어적 폭력이다. 그 종교의 기이한 현상에 대해 아주 노골적인 박해를 가한다.

스스로 새로운 계시라고 주장되는 것에 의해 탄생한 이 종교는 창시자의 특별한 자질 때문이지만, 그것이 곧 드러날 수밖에 없는 사기였다고 볼 수 있는데도 수십만 신도를 두었으며 신문, 철도, 전신을 장악하여 한 사회의 기초를 구축했다는 놀랍지만, 한편으로 교훈을 주는 사실에 대해 할 말이 많은 것이다.

여기에서 문제가 되는 것은, 이 종교에도 더 나은 다른 종교와 마찬가지로 순교자가 있었다는 사실이다. 즉 이 종교의 예언자이며 창시자였던 인물이 자신의 교리 때문에 폭도들의 손에 살해당했다. 또한 그의 추종자들도 동일한 무법적 폭력에 의해 목숨을 잃었다. 그리고 자기들의 고국에서 집단적으로 강제 추방을 당하여 사막 한 가운데 쫓겨 간 신도들에게, 이 나라의 많은 사람들이 이들에게 다시 무력을 행사하여 신앙의 포기를 강제하는 것은(조금 불편한 일이지만) 정당하다고 공공연하게 선언한다.

몰몬교의 교리 중에서 종교적 관용이라는 일반적 제약을 깨뜨리며 일반 사람들의 반감을 일으키는 것은 일부다처제를 용인한다는 것이다. 일부다처제는 이슬람교, 힌두교, 그리고 중국인에게 허용되고 있지만 영어를 사용하는, 자칭 그리스도 교도라고 말하는 사람들에게는 참을 수 없는 증오감을 일으키는 듯하다.

몰몬교의 일부다처제에 대해서는 나 역시 비난한다. 이유는 여러 가지이지만, 특히 자유의 원칙에 위배되기 때문이다. 이 사회의 절반인 여성을 속박하고, 다른 절반인 남성을 상대방에게 져야 하는 의무감에서 해방시킴으로써 그 원칙을 직접적으로 침해하기 때문이다.

그러나 이러한 관계가 이 제도의 피해자라고 할 수 있는 여성들이 다른 결혼제도에서처럼 자발적 동의 아래 성립되고 있다는 것을 상기해야 한다. 즉 너무나 놀라운 일로 보이는 이러한 사실이 세상 사람들의 공통된 관념과 관습에 기초한다는 것이다. 그것은 여성에게 결혼은 절대 필연적이라고 가르치고, 누구의 아내도 되지 않는 것보다는 일부다처 중의 한 사람이라도 되는 것이 낫다고 생각하게 한다.

다른 나라에서는 그러한 결혼제도를 인정해 달라고 요구하지도 않고, 또 몰몬교도라는 이유로 그들의 일부를 그 나라의 국내법 적용 대상에서 배제할 것을 요청하지도 않는다. 그런데도 그들이 다른 사람들의 적대적 감정을 어쩔 수 없이 용인했을 때, 즉 그들은 자신들의 교리가 받아들여지지 않는 나라를 떠나, 아무도 살지 않는 낯선 곳으로 가서 최초로 인간들이 살만한 땅으로 개척했다. 그들이 다른 나라에 적대적 행위도 하지 않고, 그들의 삶의 방식에 불만을 가진 사람들은 언제든지 나라를 떠날 수 있는 자유를 허용하고 있는데, 그들의 법에 따라 그곳에서 살아가는 사람들을 억압할 수 있는 원칙은 전제 정치 외에는 따로 있을 수 없다.

인정할 만한 공로로 일부 존경을 받는 어느 저술가가 최근에, 일부다처제 공동체에 십자군, (자신의 표현에 의하면) 문명 보호 군대를 파견하여 문명의 퇴보에 저항할 것을 제안하고 있다.

나 역시도 일부 그렇게 생각하지만 어떤 사회가 다른 사회에게 문명화를 강제할 권리는 없는 것이다.

악법으로 고통받고 있는 사람들이 스스로 다른 공동체에 도움을 청하지 않는 한, 그들과 아무런 상관도 없는 사람들이 개입해서 그 사회에 관심도 없으면서, 수천 마일 떨어진 곳에 사는 사람들에게 추악해 보인다는 이유로 폐지할 것을 요구할 수는 없다.

만약 그들이 원한다면 선교사를 보내 그러한 제도에 반대하는 교리로 설득할 수 있을 것이다. 즉 공정한 방법(몰몬교 전도사의 입을 막는 것이 아닌)으로 자신들의 나라에 그런 유사한 교리가 확산되는 것을 저지하는 것이다.

이 세계가 야만의 시대에서 차츰 문명화를 이루었는데도 야만성이 되살아나 문명을 해칠 것을 두려워한다는 것은 지나친 상상이다. 이미 정복된 적에게 다시 항복하게 될 문명이었다면, 우선은 퇴보가 진행되고 있었을 것이다. 공인된 사제라든가 혹은 교리적 이론가, 그 외의 어느 누구도 어려움에 맞서, 견디어 낼 능력이 없었던 것이다. 그러한 상황이라면 그 문명은 빨리 사라지는 것이 좋다. 그러한 문명은 계속 악화되다가 결국에는 서로마제국처럼 야만인에 의해 파괴되고 재생될 것이다.

1 봄베이의 조로아스터의 사례가 특이하면서도 적절하다. 근면하고 진취적인 이 종족은 페르시아의 조로아스터 교도의 후손이다. 이들이 칼리프의 지배를 피해 고국을 떠나 서부 인도에 도착했다. 이들은 쇠고기를 먹지 않겠다는 조건으로 종교적 자유를 얻었다. 그러나 이슬람에 의해 정복되었을 때, 역시 돼지고기를 먹지 않는다는 조건으로 신앙의 자유를 얻어냈다. 처음에는 권력자에 대한 복종으로 시작된 관습이 어느덧 제2의 천성이 되었다. 오늘날까지도 이들은 쇠고기와 돼지고기를 먹지 않는다. 이것은 그들의 종교에 의해 강압된 것이 아닌데도 결국 관습이 되어 버렸다. 이처럼 동양에서는 관습이 곧 종교적 성격을 가진다.

제 5 장

원리의 적용

Applications

두 가지의 원칙

여기에서 주장되는 원리들이 정치와 도덕의 다양한 부분에서 일관성 있게 적용되어 어떤 효과를 기대할 수 있으려면, 세부적인 토론의 기초로써 널리 받아들여져야 한다. 내가 구체적인 문제에 대해 제시하는 몇 가지 의견은 증명을 통해 원리를 설명하려는 것이지, 어떤 결과를 찾기 위한 것은 아니다.

다양한 적용의 예를 제시하지 않고 한두 가지만을 제시할 것이다. 그렇게 함으로써 이 글의 전반적인 원리를 형성하고 있는 두 가지 주관적인 실천 원칙의 의미와 한계는 더욱 명확해질 것이다. 두 가지 중 어느 것을 적용해야 할 지 의심스러울 때는, 양자의 균형을 유지하면 판단에 도움이 될 것이다.

첫째, 개인은 자신의 행동에 대해 자신 이외의 타인의 이해관계에 해를 미치지 않는 한, 사회에 대해 책임을 질 필요가 없다. 타인의 행동에 비난 혹은 혐오를 정당하게 표현할 수 있는 유일한 수단은 충고하거나, 가르치거나, 설득하는 것, 또는 자신의 이익을 위해 필요하다고 생각될 경우에 그의 행동을 피하는 것뿐이다.

둘째, 다른 사람의 이익에 해를 끼치는 행동에 대해서는 그 개인이 책임을 져야 하며, 또한 사회 보호를 위해 사회적 혹은 법적 처리가 필수적이라고 인정되면 개인에게 처벌을 가할 수 있다.

그러나 먼저, 타인에게 해를 주거나 또는 해를 줄 가능성 있다는 이유만으로 사회의 간섭이 정당화될 수 있지만 언제나 그럴 수 있다고 가정해서는 안 된다. 사회에서는 종종 개인이 정당한 목적을 추구할 때 합법적인데도 어쩔 수 없이 타인에게 고통과 손실을 줄 수 있다. 또 타인의 행복을 방해하는 경우도 있다. 개인들 사이에 이익을 두고 생기는 대립은 가끔은 불합리한 사회제도 때문일 수도 있다. 그러한 제도 아래에서 대립은 불가피하다. 즉 경쟁이 심한 직업이나 시험에서 승리한 사람, 또 원하는 것을 두고 경쟁한 결과 선택된 사람들은 모두, 타인의 실망과 헛된 노력으로부터 이익을 빼앗은 것이다.

그러나 개인적인 결과에 상관없이 자신의 목적을 추구해야 하는 것이 인류 전체에 이익이 된다고 누구나 인정한다. 달리 말하자면, 사회는 낙담한 경쟁자들을 고통으로부터 벗어나게 해 줄 어떤 법적 혹은 도덕적인 권리는 인정하지 않는다. 즉 사기 혹은 배신과 폭력 등이 일반적 이익에 반하는 성공의 수단으로 사용된 경우에만 간섭할 여지가 있는 것이다.

다시 말하지만, 상업 활동은 사회적 행동이다. 어떤 상품을 대중에게 팔려고 하는 사람은 모두 타인과 사회 일반의 이익에 영향을 끼친다. 그러므로 당연히 그러한 행동은 사회의 법적 영역 아래 있게 된다. 따라서 중요하게 여겨지는 경우는 모두 가격을 정하고 생산 과정을 규제하는 것이 정부의 의무라고 주장되기도 했다.

그러나 오랜 투쟁의 시기(역자 주 : 19세기 전까지 영국은 국왕이 승인하는 독점권과 특허권으로 교역이 이루어졌다.)를 겪은 것이지만, 싸고 훌륭한 상품이 가장 효과적으로 공급되려면 생산자와 판매자에게 완벽한 자유를 부여하고, 소비자들도 어떤 장소이든 마음대로 선택하여 구매할 수 있는 자유를 부여해야 한다는 사실이 지금은 널리 인식되고 있다.(역자 주 : 19세기 유럽 및 영국은 국가의 권력을 배제하고 개인의 경제활동을 최대한 보장하려는 경제 사상인 자유방임주의가 시장을 지배했다. 애덤 스미스를 비롯하여 벤담, 존 스튜어트 밀에 의해 주장되었는데, 특히 밀은 개인의 목적 추구가 자유롭게 되면 그가 속한 사회가 최선의 상태가 되므로, 국가의 역할은 치안과 질서 유지에 한정되어야 하며, 개인의 자유 교역은 간섭하지 않아야 한다고 주장했다.)

이것이 이른바 자유거래주의이며, 이 글에서 주장한 개인적 자유의 원리와는 다른 근거에서 출발하지만 똑같이 확고한 이론이다. 거래나 거래를 목적으로 한 생산에 대한 제한은 당연히 억압이며, 모든 억압은 그 자체로서 나쁜 것이다. 그러나 문제가 되는 억압은 오직 사회가 정당하게 억압할 수 있는 행위에 대해서만 적용되어야 하는 것이며, 억압으로 이끌어낼 수 있다고 기대했던 결과를 실제로 이끌어내지 못하기 때문에 전적으로 잘못된 것이다.

개인의 자유에 대한 원리가 자유거래주의에 포함되어 있지 않듯이 자유거래주의의 한계와 관련해 제기되는 문제들의 경우도 대부분 포함되어 있지 않다. 예를 들어, 상품의 질을 저하시키는 사기를 방지하는데 허용될 수 있는 공권력은 어느 정도까지인가? 위험 직종의 노동자를 보호하기 위한 위생 상태와 보호 설비를 어느 정도까지 고용주에게 요구할 수 있는가 등의 문제이다.

이러한 문제들은 사정이 모두 동일하다면 그들을 통제하는 것보다 내버려 두는 것이 더 나을 때에만 자유의 중요성을 포함시킨다. 하지만 이러한 목적을 위해 그들을 합법적으로 통제할 수도 있다는 사실을 원리적으로 부정할 수는 없다.

반면에 거래에 대한 간섭은 근본적으로 자유를 제약하는 경우이다. 이미 앞에서 거론한 금주법, 중국의 아편 수입 금지, 독극물 판매 금지 등이 그것이다. 다시 말하면 어떤 물건을 구입하지 못하게 하는 모든 경우가 그에 해당한다. 이러한 간섭은 생산자 혹은 판매자의 자유를 침해하는 것이 아니라 소비자의 자유를 침해한 것이기 때문에 부당한 것이다.

독극물 판매에 대한 여러 가지 논점

이러한 예들 중의 하나인 독극물 판매와 관련해서 새로운 문제가 제기된다. 즉 경찰의 역할은 어느 정도까지 정당한 것인가? 범죄와 사고의 방지라는 목적으로 개인의 자유를 어디까지 침해할 수 있는 것인가?

범죄에 대한 예방 조치는 물론이고 범행 이후 검거해서 처벌해야 하는 것은 당연히 정부가 해야 할 일이다. 그러나 정부가 취하는 예방 조치는 처벌적 기능보다 훨씬 개인의 자유를 침해할 가능성이 크다. 정당한 자유행동이라도 그 중의 일부는 보기에 따라 여러 형태의 범죄를 유발할 것으로 판단되기 때문이다. 이때 공권력은 물론이고 사적 관계의 개인은 범죄에 대해 수동적 자세로 방관하지 않고, 예방하기 위해 개입할 수 있다.

만약 독극물이 살인 행위를 목적으로 구매되고 사용된다면 그것의 생산과 판매를 금지하는 것은 정당할 것이다. 그러나 아무런 해를 끼치지 않는 유용한 곳에 사용되는 경우에는 규제할 수 없다. 또한 번 강조하지만 사고를 방지하는 것은 공권력이 당연히 해야 할일이다. 만약 공무원이나 다른 어떤 사람이 위험하다고 판단된 다리를 건너려는 사람을 보았으나 위험을 알려줄 시간적 여유가 없을때, 그를 뒤에서 붙잡아 돌려세우는 것은 개인의 자유를 침해한 것이 아니다. 자유란 자기가 하고 싶은 대로 하려는 것인데, 그 사람은 강물에 빠지기를 원하지 않을 것이기 때문이다.

그러나 위험하기는 하지만 그것이 확실하지 않을 때는 그 행동을 시도할 충분한 동기에 대해서는 오로지 그 자신만이 판단할 수 있다. 그러므로 이 경우(그가 어린아이, 또는 정신적 혼란, 흥분 상태이거나, 이성적 판단을 할 수 없는 극도의 몰입 상태가 아니라면) 위험에 대한 경고는 할 수 있으나, 강제로 다리를 건너지 못하게 금지할 경우는 아닌 것이다.

독극물 판매에서도 어떤 형태의 규제가 자유의 원리에 저촉되는지에 대해 이와 비슷한 고려를 할 수 있다. 예를 들면 독약의 위험한 특성을 담은 설명서를 예방 조치라는 측면에서 자유를 침해하지 않고 강제할 수 있는 것이다. 소비자는 자신이 구매한 것이 독약인지 아닌지 당연히 알고 싶어 할 것이기 때문이다.

그러나 모든 경우에서 의사의 증명을 요구한다면, 정당한 목적으로 구입하는 것도 불가능하게 할 우려가 있으며 역시 비용도 비싸질 것이다. 독극물로 인한 범죄도 예방하고 합법적인 곳에 사용할 사람들의 자유를 침해하지 않을 유일한 방법은, 벤담(역자 주 : 벤담Jeremy Bentham 1748~1832. 19세기 초, 영국의 사회사상인 공리주의를 체계화한 철학자, 법학자, 경제학자이다. '최대 다수의 최대 행복'을 윤리적 행위의 목적으로 추구했다. 정치적 자유를 위한 다수결의 원리를 강조했으며, 또한 경제에서는 개인의 행복을 위해 경제적 자유주의를 지지했다. 밀은 벤담을 중심으로 하는 '철학적 급진주의자'들의 모임에 참여하여 사회적 개혁을 추구했다. 밀은 노동입법이나 노동 단결권 보호 등을 통한 사회적 개량을 주장했다.)의 적절한 표현을 빌리면 '예정된 증거'를 제공하는 것이다.

이 조항은 계약을 체결할 때 흔히 거치는 절차이다. 법적 구속력을 발휘할 수 있는 조건으로, 계약자의 서명, 증인의 입회 등과 같은 일정한 형식이 따르는 것은 흔히 있는 일이며 또한 당연한 과정이다. 이것은 나중에 문제가 발생했을 때 계약의 실재성과 법적으로 문제가 전혀 없다는 사실을 증명할 수 있기 때문이다. 이로써 허위 계약을 막을 수 있으며, 그것이 폭로되었을 때 합법성이 파괴되는 허위 계약의 체결을 방지할 수 있는 효과가 있다.

범죄의 수단이 되는 상품 판매의 경우에도 이와 유사한 예방 조치를 실시할 수 있다. 예를 들어 판매자는 거래가 이루어진 실제 시간, 구매자의 이름과 주소, 상품의 정확한 내용과 수량, 사용 목적에 대해 소비자에게 묻고 그에 대한 답변 등을 장부에 기록하게 한다. 또한 의사의 증명 서류가 없는데 나중에 그 상품이 범죄에 사용되었다고 의심되는 경우에는 구입사실을 추궁할 수 있도록 제3자의 입회를 요구할 수 있다. 그러한 규제는 평상적인 상품 구입을 방해하지는 않을 것이나, 부적절하게 사용하는 사람에게는 아주 큰 장애가 될 것이다.

개인적 자유와 사회 복지의 충돌

사회가 범죄 예방을 위해 권력을 행사할 수 있다는 사실은 순수하게 자신에게 관련된 잘못된 행동을 예방하거나 처벌할 수 없다는 권리에 대한 명백한 한계를 보여준다. 즉 일반적으로 술에 취한 것은 법으로 간섭할 일이 아니다. 그러나 술에 취한 상태에서 타인에게 폭행을 행사했던 전과가 있는 사람에게 법적 제재를 가하는 것은 정당하다. 그래서 다시 또 술에 취한 것이 적발되면 처벌을 받아야 하며, 또다시 범죄를 저지르면 처벌은 더욱 가혹해져야 한다는 것도 정당하다.

술에 취하여 정신이 혼미한 상태로 타인에게 해를 끼치는 사람은 이미 타인에 대해 범죄를 저지른 것이다. 다른 예를 들자면 게으른 사람의 경우, 사회로부터 생계 보조를 받거나, 게으름 때문에 계약을 위반한 경우를 제외하고는 게으름이 사법적 처벌의 대상이 되는 것은 전제정치에서나 가능한 일이다. 그러나 게으름 또는 어떤 이유로 타인에 대한 정당한 의무(예를 들면 자녀 양육)를 행하지 않는다면, 다른 방법이 없는 한 강제로 의무를 이행하게 하는 것이 결코 독재는 아니다.

거듭 강조하지만, 오로지 자신에게만 직접적인 피해를 주는 여러 행동은 법적으로 억압해서는 안 된다. 그러나 그 행동 중에 공공의 미풍양속을 해치는 경우는 결국 타인에게 해를 끼치는 범위에 포함되므로 정당하게 금지되어야 한다. 이런 것들은 예의범절과 관계되는 것으로, 지금의 주제와는 직접 관련이 없으므로 길게 이야기할 필요는 없다. 그러나 행동 자체로는 비난받을 만하지도 않고 그렇게 예상되지 않지만 공개적으로 드러나게 되면 강한 반감을 불러일으키는 행동들도 많다.

이제까지 설명한 원리들과 같은 맥락에서 반드시 답을 해야 할 질문 한 가지가 더 있다. 비난받아 마땅한 개인의 행동이지만, 그로 인한 직접적인 영향이 그 개인에게만 끼친다는 이유 때문에 자유를 침해하지 않기 위해 그 행동을 금하거나 처벌하지 못하는 경우가 있다.

개인의 자유가 허락되는 행동이라고 해서 타인에게도 동등하게 권장할 수 있는 자유가 있을까? 이 질문에 대한 답은 쉽지 않다. 타인에게 어떤 행동을 권하는 것은 엄밀하게 말해서 자신에게만 관련된 행동이 아니다. 타인에게 충고를 하거나 권유하는 것은 일종의 사회적 행동이다. 따라서 타인에게 영향을 끼치는 일반적 행동과 마찬가지로 당연히 사회적 통제를 받아야 한다고 볼 수 있다.

그러나 조금 더 생각해보면 그러한 첫 번째 결론은 잘못되었다는 것을 알 수 있다. 비록 위의 경우가 개인의 자유 범위에 포함되지 않는다고 해도 개인적 자유의 원칙이 적용될 수 있다는 것이 분명하기 때문이다. 사람들이 자신에게만 관련된 행동에서 자신의 책임 아래 최선의 것으로 여겨지는 방식이 허용되어야 한다면, 어떤 행동이 적합한지에 대해 서로 의견을 나누고 제안할 수 있는 자유도 마찬가지로 허용되어야 한다. 즉 어떤 일이든지 행동이 허용된 것은 그것에 대해 충고하는 것도 허용되어야만 한다.

그러나 개인적 이익을 얻기 위해 충고하는 경우라면, 즉 사회나 국가가 해로운 일이라고 인정하는 것을 생계 또는 금전적 이득을 추구하기 위해 충고하는 경우는 의문의 여지가 있다. 이 경우에는 사실 복잡한 요소, 즉 공공의 이익에 반대되는 것을 추구하며, 공공의 이익에 반대되는 생활양식을 갖는 집단이 존재한다는 사실이 새롭게 제기된다.

이들을 억압해야 될까, 아니면 억압하지 말아야 할까? 그렇다면 매춘도 허용되어야 하고 도박도 허용되어야 하는 것일까? 마음대로 포주 노릇을 할 수 있고, 도박장을 경영할 수 있는 사람은 누구일까? 이 경우는 정확하게 두 가지 원칙(개인의 자유와 사회의 복지) 사이의 경계선에 놓인 것이다. 두 가지 중 어느 것에 속한 것인지 명백하게 드러나지 않는다.

이에 대해 양쪽 모두 주장할 근거는 있다. 관용을 내세우는 쪽에서는 직업으로 생계와 이익을 위해 하는 일이라면 범죄로 볼 수 없다는 사실이다. 이것은 전부 허용하든지, 아니면 전부 금지되어야 한다는 것이다.

지금까지 우리가 논의해 온 원칙이 올바른 것이라면, 사회는 개인에게만 관련되는 일에 대해서는 어떤 것이든 잘못이라고 결정할 권리를 갖지 못한다. 즉 사회는 충고 이상의 것을 할 수 없다. 마찬가지로 개인은 타인에게 행동을 권할 수 있는 자유가 있듯이, 설득할 수 있는 자유가 있다.

이와 관련하여 비록 사회 또는 국가가 개인에게만 영향을 미치는 행동에 대해서는 선악을 판단하여 억압하거나 처벌할 수 있는 결정적 권한은 없다고 하더라도, 그 행동이 악한 것으로 판단될 경우에는 최소한 토론에 붙일 수 있는 정당성은 있다고 할 수 있다.

이 경우에는 사사로운 욕심이 없지 않은 - 즉 국가의 측면에서는 편파적이어서 공평할 수 없는 개인적인 이익을 취하려는 권유를 선동하는 - 사람이 미치는 영향을 배제하기 위해 노력하는 것은 나쁘다고 할 수 없다. 또한 자신들의 사적인 이익을 위해 타인을 유도하는 사람들로부터 가능한 한 벗어나 현명한 판단이든, 어리석은 판단이든 자기 스스로 선택할 수 있도록 허용한다면 얻을 것도 없지만 잃을 것도 전혀 없을 것이라고 주장할 수도 있겠다.

따라서 국가는 불법적인 도박을 절대 옹호할 수 없지만, 자신들의 집이나 타인의 집, 또는 어떤 장소에서든 개인의 자금으로 만든 도박장에 회원과 방문객에게만 개방하여 자유롭게 도박하는 것은 인정하지만, 공개 도박장은 허용할 수 없다(이렇게 말할 수도 있을 것이다).

사실 금지라는 것은 거의 효과가 없다. 또한 경찰이 어마어마한 강제력을 가지고 있어도 도박장은 여러 가지 구실 아래 유지될 것이다. 그러나 은밀하고 비밀스러운 조직으로 영업하도록 강제할 수는 있다. 따라서 도박을 하려고 찾아다니는 사람 외에는 아무도 모르도록 만드는 것이다. 그리고 사회는 이보다 더한 것을 요구하면 안 된다. 이러한 주장은 상당히 설득력이 있다. 그러나 정작 주범에게는 자유가 허용되고(되어야만 하고) 공범에게는 벌을 내리는 도덕적 변칙, 즉 매춘한 사람이 아니라 뚜쟁이를, 도박꾼이 아니라 도박장 주인만을 감금하거나 벌금형을 내리는 것이 정말 정당한 것인지에 대해서는 과감하게 판단할 수 없다.

또한 일상적으로 사고파는 행동에 대해서도 이와 유사한 이유로 간섭하는 것도 당연히 안 된다. 매매되는 상품들은 대부분 과소비를 불러일으킬 수 있고 그것을 파는 사람들은 과소비를 장려하여 이익을 얻기 때문이다. 그렇다고 이러한 논리를 근거로 메인주의 금주법을 정당화할 수는 없다. 비록 과소비에 관심을 갖고는 있지만, 독주를 판매하는 상인 계급은 합법적인 술의 소비를 위해서는 어쩔 수 없이 필요하기 때문이다.

그러나 독주 판매상들이 이익을 위해 과도한 음주를 장려하는 것은 정말로 해악을 끼치기 때문에 국가가 그들에게 제약을 가하고 보증을 요구하는 것은 정당하지만, 합법적인 자유를 침해하는 것이 되기도 한다.

국가의 간접적 제한은 필요한 것인가

또 다른 문제는 개인의 행동이 스스로의 이익에 해가 된다는 판단이 되었을 때 국가가 한편으로 허용하면서도 간접적으로 설득하는 것이 필연적인가 하는 것이다. 예를 들어 국가가 술값을 인상하거나 술을 판매하는 장소를 제한하여 구입을 힘들게 하는 방법을 취해야 하는가이다.

이때 대부분의 현실적 문제와 마찬가지로 다양하게 구분하여 바라볼 필요가 있다. 오로지 주류 구매를 어렵게 하기 위한 목적으로 세금을 부과하는 것은 음주를 완전히 금지하는 것과 단지 정도의 차이만 있을 뿐이다. 따라서 금주법이 정당화될 수 있을 경우에만 주류세 부과도 정당화될 수 있다. 주류 구입비가 오르는데 그만큼 수입이 늘지 않은 사람에게는 금지조치를 내리는 것과 같으며, 이 것은 음주라는 특별한 취향을 가진 사람에게는 벌금이나 마찬가지 이다.

국가에 대한 법적, 도덕적 의무를 다한 사람이 자신의 소득을 어떻게 소비하며 즐길 것인지는 전적으로 그 개인의 판단에 맡겨야 한다. 이와 같은 논리가 국가의 세입을 늘리기 위해 주류에 특별 과세를 부과한 것으로 비난하는 것처럼 보일 수도 있다. 그러나 국가의 재정에서 과세는 절대 필요한 것이며 대부분의 국가에서 과세의 상당 부분이 간접세로 충당되고 있는 것이 현실이다. 따라서 국가에서 일부 소비재 상품에 세금(일부의 사람에게는 금지하는 것이나 다름없는)을 부과하지 않을 수 없다.

이 경우 국가에서 세금을 부과하는 물품은 소비자들이 최대한 절약할 수 있는 것인지, 또 적당량을 초과해서 사용할 경우 분명 해가 되는 것을 특별히 고려해서 선택해야 하는 것이다. 따라서 국가의 재정을 최대한 올릴 수 있는 때까지(과세로 만들어지는 모든 세입이 국가에 필요하다는 가정 하에서) 주류세는 허용되어야 할 뿐만 아니라 찬성해야 할 문제이다.

그러나 이러한 상품 판매에는 일정 정도의 특권이 만들어진다는 것에 대한 의문이 제기될 수 있다. 그것은 판매의 제한으로 얻으려는 목적이 무엇인가에 따라 달리 해결해야 한다. 모든 공공 오락시설에서는 경찰의 제재가 필요하다. 특히 술집과 같은 곳은 사회에 해를 끼치는 행위가 다른 곳보다 더 많이 발생하기 쉽기 때문이다. (적어도 현장에서 소비되는) 이러한 물품은 신뢰성이 있는 사람에게만 팔게 하는 권한을 주는 것, 또한 개점과 폐점의 시간을 정해 지키도록 감독하는 것이 필수적이다. 또한 가게 주인의 방치 또는 통제 능력 부재로 인해 공공질서를 방해하는 행동이 자주 일어나는 경우라든지, 범법 행위를 음모하고 준비하는 장소가 될 경우에는 허가를 취소하는 것이 당연하다.

그러나 그 이상의 제재는 원칙적으로 정당화될 수 없다고 생각한다. 예를 들어 술집에 대한 접근을 어렵게 해서 유혹에 빠질 기회를 감소시키려는 목적으로 술집의 수를 제한하는 것은, 그 시설을 악용할 수도 있는 사람들 때문에 모든 사람들에게 불편을 끼치게 되는 것이다. 또한 이러한 제한은 노동 계급을 공공연하게 어린아이나 야만인으로 취급하면서, 미래에 허용될 자유의 혜택을 위해 억압적인 교육을 받도록 만드는 사회에나 적합한 것일 뿐이다.

자유 국가라면 노동 계급을 이렇게 공공연한 방식으로 통제하지 않는다. 노동계급에게 자유의 가치를 교육시키고, 그들을 자유인으로서 통치하려는 모든 노력을 다한 뒤에도 그들을 어린아이처럼 대할 수밖에 없다는 사실이 분명하게 증명되지 않는 한, 자유의 가치를 아는 사람이라면 이런 방식으로 통치되는 것에 동의하지 않을 것이다.

그렇게 통치할 수도 있다는 적나라한 주장은 지금 여기에서 생각할 필요가 있는 모든 문제들에 대해 그러한 노력이 행해졌다고 가정하는 어리석음을 보여주는 것이다. 그것은 이 나라의 제도가 모순 덩어리이기 때문이다. 즉 전제적 또는 이른바 세습적 정부에서나 가능한 일들이 관행이 되어 있지만, 일반적으로 자유를 지향하는 우리 나라의 제도에서는 도덕 교육으로서 자제심을 효과적으로 기르기 위해 필요한 통제는 못하도록 막고 있다.

다른 사람을 노예로 파는 계약은 당연히 무효

앞에서 이미 제기했듯이, 오직 개인 자신에게만 관계되는 일에 대해서는 개인의 자유가 보장되어야 한다. 이것은 여러 개인들이 모였을 경우에도 적용된다. 즉 그들이 함께 관련된 일들은 서로간의 동의에 의해 자유가 허용되어야 한다는 것을 뜻한다. 이때 관련된 모든 사람들의 생각이 바뀌지 않는다면 아무런 문제도 생기지 않을 것이다.

그러나 상황이 변할 수 있기 때문에 그들에게만 관련된 사항일지라도, 상호 간의 계약은 필수적이다. 그리고 계약이 체결되었을 때 당연히 그 계약은 지켜져야 하는 것이 일반적인 규칙이다. 그런

데 거의 대부분의 나라에서는 법의 일반적인 원칙에 약간의 예외를 두고 있다. 즉 누구든지 제3자의 권리를 침해하는 계약에 대해서는 지켜야 할 의무가 없으며, 계약자 자신에게 해가 되는 계약도 지켜야 할 의무가 없는 것으로 명시하는 경우도 종종 있다.

예를 들어 영국을 비롯한 모든 문명국가에서는, 자신을 노예로 팔거나 팔도록 허용하는 계약은 당연히 무효이며, 법은 물론이고 여론에 의해서도 강제할 수 없다. 개인의 운명을 임의로 결정할 권리를 이와 같이 제한하는 근거는 명백하며, 이런 극단적인 사례에서 매우 명확하게 알 수 있다.

타인과 관련된 경우가 아닌 한, 개인의 자발적인 행동을 간섭할 수 없는 이유는 그 개인의 자유를 중요하게 생각하기 때문이다. 개인의 자발적인 선택은 그렇게 선택한 것이 자신에게 바람직하거나, 적어도 견뎌낼 수 있다는 것을 보여주는 증거이다. 또한 자신만의 수단으로 이익을 추구하도록 하는 것이 전체적으로 최선의 이익이 될 것이기 때문일 것이다.

그러나 자신을 노예로 팔아버린다는 것은 자유를 포기하는 것이다. 그 한 번의 행동으로 그는 더 이상 자유를 누릴 수 없게 된다. 그러므로 자기 자신을 처분할 수 있도록 허용해주는 정당한 근거인 자유의 목적을 스스로 파기하는 것이다. 그는 더 이상 자유롭지 못하며, 스스로 자유 상태로 남아 있을 때 제공될 수 있었던 자유의 이점을 더 이상 누릴 수 없게 된다.

자유의 원칙이 스스로 자유를 포기할 수 있다는 것까지 요구할 수는 없다. 자신의 자유를 포기하도록 허용하는 것은 자유가 아니다. 이 특별한 사례에서 더욱 명확하게 알 수 있는 이러한 이유들이 훨씬 더 광범위하게 적용될 수 있다는 것은 분명하다. 하지만 생활의 필요에 의해 여러 곳에서 자유의 제한이 가해지고 있다. 실제로 자유를 포기해야만 한다는 것은 아니지만, 여러 가지 자유의 제한에 동의해야만 하기도 한다.

그러나 이 원칙은 행위자 자신과 관련되는 모든 일에서는 무제한의 자유를 허용하지만, 제3자와 관련되지 않았다면 상호 관련자들이 계약으로부터 벗어날 수도 있어야 할 것을 요구한다. 그러한 자발적인 해지가 없다 해도, 금전이나 금전적 가치와 관련된 것을 제외하고, 어떤 경우에도 계약을 해지할 자유가 없다고 말할 수 있는 약속이나, 계약은 존재하지 않을 것이다.

앞에서 인용한 훌륭한 논문에서, 훔볼트 남작은 자신의 확신을 이렇게 주장한다. 즉 개인 사이의 관계나 의무와 관련된 합의는 일정한 기간이 지나면 법적 구속력이 없어져야 한다. 그러한 합의 중 가장 중요한 것이 결혼이다. 결혼한 두 사람의 감정이 합의와 조화를 이루지 못할 때는, 결혼의 목적이 이루어질 수 없다는 특성이 드러나게 된다. 따라서 계약의 해지는 두 사람 중 한쪽만 파기 선언을 하는 것으로 충분하다는 것이다.

이 주제는 매우 중요하고 또한 복잡하기 때문에 이곳에서 단순하게 언급할 수 있는 것은 아니다. 다만 설명하는 목적에 필요한 것에 대해서만 다루겠다.

이 경우에 있어 훔볼트 남작은 자신의 주장이 간명하고 일반적인 것이어서, 전제들에 대한 논의 과정 없이 결론만을 발표하는 것으로 만족했다. 만약 그렇지 않았다면 그 문제는 자신이 스스로 제한시킨 단순한 논리로 해결될 수 없다는 것을 분명히 인정했을 것이다.

어떤 사람이 정확한 약속이나 행동으로 타인에게 자신이 장차 하려는 일을 믿고 따르도록 권유할 때-그 일에 대한 기대와 타산적 계산 아래 타인의 인생 계획을 세우도록 할 때-타인에 대한 도덕적 의무가 생겨난다. 그 의무는 파기될 수 있을지도 모르지만, 결코 무시될 수는 없다.

게다가 두 계약 당사자 사이의 관계가 타인에게 어떤 결과를 초래한다면, 즉 제3자를 특별한 상황에 놓이게 한다면, 결혼의 경우처럼 자녀와 같은 제3자를 존재하게 한다면 두 계약 당사자는 제3자에 대한 의무를 이행해야 한다. 이 경우, 의무가 행해지는 방식이나 형태는 계약의 당사자들 간의 관계가 유지되는지 여부에 따라 큰 영향을 받을 수밖에 없다.

그러나 의무를 이행하는 것이 개인의 행복에 해를 주는 것이라면, 당사자의 의사를 무시하면서까지 의무 이행을 요구할 권리가 있다고 주장할 수는 없다. 나 역시 이것은 인정할 수 없다.

그러나 그 의무는 문제가 생길 수 있는 필수적인 요소이다. 훔볼트의 주장대로 그것이 당사자들이 계약을 해제할 수 있는 법적 자유에는 어떤 영향도 줄 수 없겠지만(나 역시 큰 영향을 끼쳐서는 안 된다고 생각한다), 도덕적 자유에는 어쩔 수 없이 큰 영향을 미치게 된다.

따라서 타인의 이익에 중대한 영향을 미치게 될 어떤 행동을 하기 전에, 반드시 여러 상황을 예견하고 고려해 두어야 한다. 만약 그러한 이익을 적절히 고려하지 못한다면, 그로 인해 초래된 잘못에 대해서는 도덕적 책임을 져야 한다.

내가 지금까지 이처럼 당연한 이야기를 하고 있는 것은 자유의 일반적인 원칙을 더 잘 설명하기 위한 것이지, 특별한 문제를 - 일반적으로 자녀의 이익이 제일 중요하고 성인의 이익은 아무것도 아닌 것처럼 논의되는 - 해결해 보려는 것이 아니다.

개인의 자유에 대한 국가의 의무

앞에서 이미 언급했듯이, 자유에 대해 모든 사람이 인정하는 일반적 원칙이 없기 때문에, 자유가 허용되어서는 안 되는 상황에서 종종 허용되며, 반대로 자유가 허용되어야 할 경우에 억압이 행해지고 있다.

근대 유럽 사회에서는 자유에 대한 열망이 강하게 요구되고 있지만 내가 볼 때는 부당하게 행해지는 경우가 있다. 개인은 자신의 일에 대해서는 하고 싶은 대로 할 자유를 가져야 한다. 그러나 타인의 일을 자신의 일처럼 생각된다는 이유로, 자신이 원하는 대로 행동할 수 있는 자유는 없다.

특히 국가는 개인 자신에게 특별히 관계되는 일에 대해서는 개인의 자유를 존중해야 하지만, 타인의 자유를 침해하는 권한을 행사하는 것은 국가가 감시하고 통제해야 할 의무가 있다.

그런데 이러한 의무는 가족 관계에서는 거의 무시되고 있다. 그러나 인간의 행복에 결정적인 영향을 미친다는 점에서 다른 어떤 경우보다 중요하다. 아내에 대해 남편이 행사하는 폭군적인 권력에 대해서는 새삼 거론할 필요도 없을 것이다. 따라서 이러한 해악을 완전히 제거하기 위해 가장 중요한 일은, 아내도 다른 사람과 마찬가지로 동등한 권리를 가져야 하고, 동일한 방식으로 법의 보호를 받을 수 있도록 해야 한다.

이 주제에 있어, 기존의 부당한 관행을 옹호하는 사람들은 권력의 횡포를 공공연하게 인정하는 것이므로, 스스로도 자유를 호소할 자격이 없다.

특히 자녀들의 경우에 대해 자유의 개념이 잘못 적용되고 있는데, 이 때문에 국가의 의무 수행에 장애가 발생되고 있다. 대부분의 사람들은 자식을 자신의 일부라고 생각한다. 이것은 비유적인 표현이 아니라 정말 그렇게 생각하여 자식에 대해 절대적이고 배타적인 통제권을 가지려 한다. 이것을 법이 조금이라도 간섭하면 질투심을 갖는다. 자신의 행동에 대한 자유를 간섭하려는 것보다 더 큰 반발심을 느끼는 것이다. 결국 일반 대중은 권력보다 자유의 가치를 덜 존중하는 것이다.

예를 들어 교육의 경우를 생각해보자. 국가가 시민들 모두에게 일정 수준의 교육을 받도록 강제하고 또는 요구하고 있는 것이 현실 아닌가? 그렇지만 사람들은 여전히 이러한 사실을 인정하고 받아들이는 것을 두려워한다.

사실 부모에 의해 태어난 아이에게 자신의 삶에서 스스로와 타인에 대해 충분한 역할을 할 수 있도록 교육시키는 것이 부모(현행법과 관습에 따르면 아버지)의 가장 신성한 의무라는 것을 부정할 사람은 거의 없을 것이다. 그것이 부모의 의무라는 사실에 대해서는 모든 사람이 의견을 같이한다. 그러나 지금 이 나라에서 그러한 의무를 강제해야 한다는 주장을 들으려고 하는 사람은 거의 없다.

그 대신 자녀의 교육을 보장하기 위한 노력이나 희생은 요구받지 않으면서, 무상 교육이 제공될 때 그것을 받아들일지의 여부는 자신이 선택하겠다고 주장하는 것이다!

건강하게 자라도록 먹어야 할 뿐만 아니라 정신적 교육과 훈련을 제공할 능력도 없이 자녀를 낳는 것은, 불행한 자녀에게 또한 사회에 대해 도덕적 죄악을 저지르는 것이나 다름없다는 사실을 인식하지 못하고 있다. 만약 부모가 이러한 의무를 수행하지 못할 경우 국가는 가능한한 부모가 책임을 다하도록 감독해야 한다.

보통 교육에 대한 의무화가 공적인 사실로 인정된다면, 그 다음 국가가 무엇을 어떻게 가르쳐야 할 것인지에 대한 어려운 과제가 남을 것이다. 그리고 이제 이 주제는 종파와 정파 사이에 어리석은 격론을 펼치게 하며, 또한 교육에 힘써야 할 노력과 시간을 소모하는 무의미한 논쟁이 되고 있다.

만약 정부가 모든 자녀들에게 훌륭한 교육이 필요하다는 방침을 결정하게 된다면, 정부 자체가 교육을 제공해야 하는 어려움을 피할 수도 있다. 자신의 자녀들을 어느 곳에서 어떻게 교육하든지 부모에게 맡겨도 되며, 빈민 계층의 자녀들을 위해 수업료를 도와주거나, 수업료를 내줄 수 있는 사람이 아무도 없는 아이들을 위해서는 전액을 지불하는 것을 기꺼이 해야 한다.

국가 교육에 대해 제기되는 비판은 국가에 의해 교육이 강제된다는 것에는 적용될 수 없다. 그러나 국가가 직접적으로 교육하는 것에는 적용될 수 있다. 즉 이 두 가지는 완전히 별개의 문제이다.

교육의 일부, 또는 대부분이 국가에 의해 통제되어야 한다고 주장한다면 나 역시 누구보다 강력하게 반대한다. 지금까지 개성 있는 성격과 의견, 다양한 행동 양식이 얼마나 중요한지에 대해 말해 온 나의 모든 의견에는, 교육의 다양성 역시 말로 다 할 수 없을 정도로 중요하다는 것을 담고 있다.

국가에 의해 통제되는 교육은 국민들을 거의 비슷하게 정형화시키려는 저급한 수단에 지나지 않는다. 즉 국민들을 획일화시키면 시킬수록 그것은 국가의 권력자들을 기쁘게 하는 일이다. 그들은 군주, 또는 성직자들, 귀족들, 기존 세대를 지지하는 대중들이다. 그러한 교육이 효율적이고 성공적일수록, 정신을 온전히 통제할 수 있으며 아울러 자연스럽게 육체까지도 따라가게 한다.

국가에 의해 통제되고 운영되는 교육이 정말로 존재해야 한다면, 여러 경쟁적 교육 실험 중의 하나로서 필요한 것이어야 한다. 또한 그것의 목적은 다른 교육을 높은 수준으로 올릴 수 있도록 하는데 필요한 자극이 되어야 한다.

사회가 대체적으로 많이 뒤떨어져 있어서 사회 스스로 적절한 교육 시설을 갖출 수 없거나 또는 갖추려고 하지 않는다면, 두 가지 폐해 중 덜 나쁜 방법으로서, 정부는 스스로 학교와 대학을 직접 담당할 수 있다. 그것은 대량 생산이 가능한 산업시설을 갖출 수 있는 사기업이 국가 내에 존재하지 못한다면 주식회사를 설립할 수 있는 것과 같은 이치이다.

그러나 일반적으로 국가의 지원 하에 교육을 제공할 자격이 있는 사람들을 충분히 갖추고 있을 경우, 그들 교육자들은 의무 교육법에 의해 보수가 보장되고 교육비가 없는 사람들은 국가에서 지원한다면, 자발적인 원칙에 근거하여 훌륭한 교육을 실시할 수 있으며 또 실시하려 할 것이다.

그러한 법을 집행할 수 있는 수단은 모든 아동을 대상으로 국가에서 실시하는 공개 시험 외에는 없다. 먼저 남녀 아이들이 글을 읽고 시험을 치를 수 있는 나이를 정해야 한다. 만약 글을 읽을 수 없다고 판명되면 그 아이의 아버지는 변명의 여지가 없는 한, 일정한 벌금형을 받거나 또는 필요에 따라 노동력으로 벌충하게 하여, 아이는 아버지의 비용으로 학교에 다니게 해야 한다.

시험은 매년 한번 씩 실시하고 과목의 범위도 차츰 넓혀서 모든 국민이 최소한의 일반 지식을 습득하고 더 잘 유지할 수 있도록 의무화되어야 한다. 최소 기준을 넘어서는 모든 과목에 대해 자유롭게 시험을 치를 수 있게 하여 일정한 수준의 실력에 도달한 사람은 인증서를 요구할 수 있게 한다.

이러한 제도를 실시하면서 국가가 시민들의 의견에 부당한 영향력을 행사하는 것을 금지하려면 시험을 통과하는 데 필요한 지식(언어 구사와 같은 단순한 사용법을 넘어서는 수준의)은 상위 수준의 시험에서도 반드시 사실과 실증과학에 관련된 것으로 제한한다.

종교, 정치 혹은 기타 논쟁적인 이슈와 관련된 시험은 어떤 주장의 진실 여부에 대해 관심을 가질 것이 아니라, 다양한 학파, 학자, 교회에 의해 지지되고 있는 주장의 근거와 같은, 실질적인 문제에 관한 것을 다루어야 한다.

이러한 제도 아래에서 자라날 세대는 모든 논쟁적인 진실을 현재보다 더 악화시키지는 않을 것이다. 그들은 지금처럼 영국 국교도(역자 주 : 1534년 영국의 왕 헨리 8세[재위 1509~1547]는 로마 가톨릭과 결별하고 영국 왕을 수장으로 하는 국교회를 설립하여 종교개혁을 단행했다. 이후 영국의 역사는 가톨릭과 신교의 투쟁이 극심하게 전개되었다.) 혹은 비국교도로 성장하게 될 것인데, 국가는 신도 또는 비신도들의 교육을 담당하기만 하면 된다. 만약 부모가 원하면 그들의 자녀들에게 학교에서 배우는 학문 외에 종교를 가르치는 것에 대해서는 아무런 문제가 없을 것이다.

국가가 논쟁적인 주제에 대해 시민의 여론을 편파적으로 유도하는 것은 정말 나쁜 일이다. 그러나 특별한 주제에 대해 결론을 내릴 수 있는 지식을 갖고 있는지를 시험하고 인증하는 것은 정당하게 할 수 있는 일이다. 철학을 공부하는 학생이 존 로크(역자 주 : 존 로크John Locke 1632~1704. 영국의 계몽주의 사상가. 모든 인간의 자유와 평등을 선언하여 근대적 자유 민주주의의 시조라고 할 수 있다. 그의 저서《통치이론》은 근대적 헌법 국가의 기초가 되었다.)와 임마누엘 칸트(역자 주 : 칸트Immanuel Kant 1724~1804. 독일의 철학자.《순수이성비판》《실천이성비판》《판단력 비판》등의 저서로 유럽 사상계에 파문을 일으켰으며 독일 관념철학의 효시가 되었다. 칸트의 모든 철학은 인간의 이성에 관한 이론이다.) 중에서 누구의 학설을 인정하든지 간에 두 철학자에 대해 시험을 치르는 것은 좋은 일이다. 마찬가지로 무신론자에게 신앙을 강제하지 않는다면 기독교의 근거에 대해 시험을 보게 하는 것을 반대할 합리적 이유가 전혀 없다.

그러나 전문 분야의 시험은 완전히 자율에 맡겨야 한다고 생각한다. 만약 정부가 전문 교육성이 떨어진다는 이유로 어떤 사람을 직업, 즉 교직에서 배제시킬 수 있는 권한을 갖게 되는 것은 너무나 위험한 일이다. 따라서 나는 훔볼트의 다음과 같은 의견에 동의한다. 시험을 통과한 모든 사람에게는 학위, 또는 전문적 또는 과학적 학식에 대한 공적인 증명서가 주어져야 한다. 그러나 그러한 증명서가 대중적인 의견에 의해 인정되는 정도여야 하며, 다른 경쟁자들보다 더 많은 이익을 주는 것이 되어서는 안 된다.

도덕적 의무와 법적 의무에 대한 견해

도덕적 의무를 지켜야 할 확실한 근거가 있으며, 법적 의무를 지켜야 할 많은 경우들도 있지만, 자유에 대한 잘못된 생각으로 인해 부모가 이행해야 할 도덕적 의무와 법적 의무가 제대로 인식되지 못하고 있는 것은 교육 문제에만 해당되는 것이 아니다.

생명을 탄생시키는 것은 그 자체로 인간의 삶에서 가장 책임 있는 행동 중의 하나이다. 이러한 책임은, 즉 축복이 될 수도 있고, 저주가 될 수 있는 삶을 부여하는 일이다. 그러나 그 생명의 존재가 바람직한 삶을 살 수 있는 최소한의 기회를 누릴 수 없다면 그것은 범죄를 저지르는 것과 같다.

인구가 지나치게 많아지거나 그러한 위협에 직면한 나라에서 최소한의 인구수 이상의 아이들이 생기게 되면 지나친 경쟁으로 노동으로 벌어들이는 수입이 줄게 되며, 노동 임금으로 생계를 유지해야 하는 사람들에게 심각한 죄를 짓는 것이다.(역자 주 : 1798년 영국의 경제학자 토머스 맬서스Thomas Malthus[1766~1834]는 자신의 저서《인구론》에서 식량자원의 증가에 비해 인구 증가가 급속히 일어나면 인간은 빈곤을 면할 수 없다고 주장했다. 맬서스는 '도덕적 억제'로 인구의 증가를 막을 수 있다고 보았다. 그러나 노동자 계급의 빈곤을 인위적인 산아제한으로 해결하려는 신맬서스주의로 발전하여 상당한 비판을 받았다.)

유럽 대륙의 많은 국가에서는 가족을 부양할 능력이 있다는 것을 증명하지 못하면 결혼을 금지하는 법을 시행하고 있다. 이것은 국가가 행사할 수 있는 정당한 권한에서 벗어나는 것이 아니다. 이러한 법이 유해한 것인지, 아닌지(지역적 환경과 감정에 의해 달라지는 문제이기 때문에) 관계없이 개인의 자유를 억압하는 것으로 볼 수 없다. 이러한 법은, 비록 법적 처벌 대상은 아니지만 비난받아 마땅한 사람으로 낙인찍힐 정도 해로운 행동으로 타인에게 해를 끼치는 것을 금지시키기 위해 국가가 개입하는 것이다.

오늘날의 자유에 대한 견해는, 여전히 개개인과 관련된 상황에서 아주 쉽게 자유가 침해되고 있다. 그러나 또 한편으로는 방탕한 생활로 가까운 사람들에게 어떤 형태로든지 영향을 끼치며, 자식들의 삶을 비참하게 만들고 파괴시키는 성향에 대해 어떤 제약을 시도하는 것은 거부한다.

자유에 대한 인간의 특이한 존경심과 더불어 자유에 대한 유별난 존경심 부족을 비교해 보았을 때, 우리는 마치 인간은 타인에게 해를 끼칠 수 있는 절대적 권리가 있으며, 타인에게 고통을 주지 않고 스스로 만족할 수 있는 권리는 전혀 없다고 생각하는 듯하다.

정부가 개입할 수 있는 권력의 한계

나는 마지막 지면을 정부가 간섭할 수 있는 한계에 대한 여러 분야의 의문점을 다루려고 남겨 놓았다. 이것은 이 책의 주제와 밀접하게 관련은 있지만 정밀하게 따져보면 그렇지도 않다. 정부의 개입을 반대하는 이유가 자유의 원칙에 근거하지 않는 경우들을 다루려고 하기 때문이다.

개인의 행동을 억압하는 것이 아니라 그것을 돕는 것에 관한 문제들이다. 즉 개개인이 이익을 위해 스스로 또는 자발적인 연대를 통해 행동하는 것을 정부가 내버려두지 않고, 오히려 그들의 이익을 위해 어떤 일을 하고 또는 할 수 있도록 해주는 정부의 개입에 관한 것이다.

정부의 간섭이 자유를 침해하지 않는다고 하더라도, 그에 대한 세 가지 종류의 비판이 가능하다.

첫째, 정부에 의해 행해지는 것보다 개인이 했을 때 더 잘할 수 있는 경우이다. 일반적인 의견에 의하면, 어떤 사업을 어떻게, 누구에게 맡겨야 할지를 생각할 때 그 사업에 개인적으로 관심을 가지고 있었던 사람보다 더 적합한 사람은 없다. 이 원리에 의하면 일반 산업 활동에 대해 의회와 정부의 관리가 관행적으로 관여했던 경우는 부당한 것이다. 이러한 문제는 정치 경제학자들에 의해 충분히 논의되어 왔다. 여기에서 다루는 주제의 원칙과는 특별히 관련되지 않는다.

둘째, 이 책에서 다루는 주제와 아주 밀접한 것으로 평균적으로 어떤 특별한 일을 행할 때 개인이 정부의 관리들보다 잘 하지 못하는 경우가 많다. 그렇지만 정부보다는 개인에게 맡겨지는 것이 바람직하다. 그러한 과정이 그들의 정신 교육의 수단 – 적극적으로 재능을 강화시키고, 판단력을 단련시키고, 앞으로 직면하게 될 문제를 잘 해결할 수 있는 지식을 습득하게 하는 - 이 될 수 있기 때문이다. (정치적인 사건과 관련 없는 재판에서) 배심원의 역할, 자유롭고 대중적인 지방자치 제도, 시민 단체나 자선 단체의 참여 등등의 자발적 활동을 권하는 것은 이와 같은 이유에서 중요한 일이기 때문이다 (유일한 이유이기도 하다).

이것은 자유와 직접적으로 관련된 문제는 아니지만, 부분적으로는 연관되어 있다. 즉 인간 개성의 발전에 관한 것이다. 따라서 국가 교육의 일부로 이러한 것들을 강조하는 것은 현재로서는 적합하지 않다. 사실, 이것은 시민으로서의 특별한 훈련, 자유 시민으로서의 정치 교육의 실천화, 개인적이며 가족적인 이기주의를 지향하는 편협한 삶에서 그들을 이끌어 내어 습관적으로 공공의 이익을 이해할 수 있게 하여, 공공의 이익을 대하는 자세는 공적인 또는 준공공적인 동기에 의해 행동하도록 길들여서 서로를 고립시키는 대신 연대하려는 목표 아래 행동하도록 이끄는 것들이기 때문이다.

이러한 습관과 능력이 갖추어지지 않으면 자유주의 정치제도는 실천될 수도, 유지될 수도 없다. 그러한 예는 지방 자치의 자유가 충분하게 작동되지 않은 나라에서는 정치적 자유의 특성이 한시적으로만 나타나는 경우와 같다. 순수한 지역 사업은 해당 주민에 의해 운영되고, 더 큰 산업은 자발적으로 자본을 투자한 사람들이 연합하여 운영되는 것이, 개별성의 발달과 행동 양식의 다양성을 추구하여 많은 이익을 얻게 되는 것이다. 이 부분이 이 책에서 지금까지 강조한 내용이다.

정부의 활동은 어느 곳에서든지 획일적이다. 반면에 개인과 자율적 협동단체에 의해 운영되는 경우는 다양한 실험을 하고 끊임없이 체험을 할 수 있다. 국가가 유용하게 할 수 있는 일이란 각 개인들이 수많은 시행착오를 거치면서 얻게 된 결과를 중앙에서 수집하여, 적극적으로 전달하고 보급하는 존재로 활동하는 것이다. 또한 사업에서 정부가 인정하는 실험만을 강요할 것이 아니라 타인의 실험에서 얻어진 장점을 서로 경험해 볼 수 있게 하는 것이다.

셋째, 정부의 간섭을 반대하는 가장 명확한 이유는 정부 권력이 불필요하게 확대되는 것이 가장 나쁜 일이라는 점이다.

이미 광범위하게 행사되고 있는 정부의 기능에 다른 권한들이 추가된다면 국민들의 희망과 두려움에 영향력이 더욱 확대되는 원인이 된다. 또한 활동적이며 야심만만 정치가들을 정부 또는 집권을 목표로 하는 일부 정당에게 점점 더 굴복하도록 만든다.

만약 도로, 철도, 은행, 보험회사, 대기업, 대학 그리고 공공 자선단체 등등이 모두 정부 통제의 기관이 된다면, 게다가 도시와 지방자치 단체에 소속되어 있는 모든 것들을 중앙 정부의 부처로 이양시켜 버린다면, 또한 여러 기업체의 직원들이 정부에 의해 고용되어, 급여를 받게 되어 승진하기 위해 정부의 눈치만을 보게 된다면, 언론의 자유와 민주적 의회제도가 인정되는 나라(영국과 기타 여러 나라)일지라도, 자유주의 국가라는 것은 겉으로 내세우는 이름에 지나지 않을 것이다.

행정 기구가 효율적이고 과학적으로 구성되면 될수록, 즉 그 기구를 운영할 사람의 능력과 자격을 최고의 수준으로 갖추려는 수단이 교묘해질수록 그 폐해는 더욱 커지게 마련이다. 최근 영국에서는 정부의 일을 담당할 사람들은 모두 경쟁적 시험으로 선발되어야 한다는 제안이 제출되었다. 정부 업무를 담당할 최고의 지식과 교육을 갖춘 사람들을 확보하기 위해서라는 것이다.

이 제안을 둘러싸고 토론 또는 문서상으로 찬반양론이 치열해지고 있다. 반대하는 사람의 가장 강한 주장 가운데 한 가지는 종신직의 국가 공무원이라는 직업이 최고의 능력을 가진 사람들을 끌어들이기에는 급여나 지위에 대한 전망이 충분하지 않다는 것이다. 따라서 능력 있는 사람들은 전문직, 회사 또는 기타 공공 단체에서 더욱 매력적인 업무를 언제든지 발견할 수 있다는 것이다.

만약 이 제안을 지지하는 부류들이 난감한 문제에 대한 대답으로 이와 같은 주장을 했다면 별로 놀랄 일이 아닐 것이다. 그런데 반대자들이 이러한 주장을 내놓았다는 것은 충분히 이상하다. 반대자들의 주장은 그러한 국가 시스템의 안전판을 제시한 것이다. 즉 이 나라의 뛰어난 인재들을 국가가 끌어들이게 된다면(이러한 결과를 가져올) 이 제안을 불안해하는 것은 당연하다.

만약 조직적인 협동 또는 광범위하고 종합적인 판단을 필요로 하는 사회 각 부분의 활동이 정부의 통제를 받게 되고, 정부의 모든 기관에 순수한 사색적인 인간들을 제외한, 풍부한 문화성과 실천적 지식이 충분한 사람들로 가득 차게 되면 사회는 거대한 관료 체제 속으로 빠져들게 된다. 따라서 사회의 나머지 구성원들은 모든 일을 이들에게 의존하게 될 것이다. 일반 대중들은 자신들이 해야 할 모든 일에 - 승진하려는 욕심과 능력까지도 - 관료들의 지도와 명령을 받으려고 할 것이다. 이러한 정부의 제도권으로 들어가, 그 안에서 출세하고 싶은 것이 유일한 목표점이 되어 버린다.

이러한 정치체제 아래에서는 제도권 밖의 일반 대중은 실천적 경험이 없어 관료제의 활동 방식에 대해 비판하거나 감시할 수 없다. 뿐만 아니라 전제정치 체재인데도 불구하고 우연히, 또는 민주 체재 아래서는 자연스럽게, 개혁적 성향의 지도자를 갖게 되었다 해도 관료제의 이익에 반하는 개혁은 실현될 수 없다.

바로 러시아 제국의 상황이 그렇게 우울한 일이다. 이것은 그 나라를 충분히 관찰할 기회를 가졌던 사람들이 내놓은 설명에서 드러난다. 차르(역자 주 : 18~19세기 제정 러시아 시대의 황제를 가리킨다. 1917년 러시아 혁명 때까지 관습적으로 사용되었다.) 자신도 관료 집단에 대해서는 무력하다. 즉 그는 관료 한 명을 시베리아로 유배보낼 수는 있지만, 관료들 없이는 또는 그들의 의지에 반해서 정치력을 행사할 수가 없다. 관료들은 황제가 내리는 모든 명령을 실행에 옮기지 않고 늦추는 것만으로도 무언의 거부권을 갖는다.

문명이 더 발전된 나라 또는 저항 정신이 더 강한 나라의 대중들은 국가에서 그들을 위해 모든 것을 해 주는 것에 길들여져 있다.

더구나 어떤 일을 하지도 않고, 어떻게 해야 하는지에 대해 국가에 묻지도 않고 스스로 아무 것도 하지 않는다. 따라서 자신들에게 생기는 모든 재앙은 모두 국가의 책임으로 생각한다. 그리고 그 재앙이 자신들이 참아낼 수 있는 한계를 넘어설 경우에 국가에 대해 이른바 혁명을 일으킨다. 즉 이때 누군가가 국민들로부터 합법적인 권한을 받아, 또는 받지 않고도 권력자의 위치에 오르게 되면 관료들에게 자신의 명령을 지시한다. 그러면 상황은 다시 제자리로 돌아간다. 관료제는 그대로이며, 누구도 그것을 대신할 사람이 없다.

관료제는 인간의 자유정신을 침해한다

개인의 기업을 운영하는 데 익숙한 사람들에게서는 아주 특별한 모습들이 나타난다. 프랑스 사람들 중 상당수가 군대 복무를 하고 있으며 그들 대부분이 하사관을 경험한다. 따라서 나라 안에 시민 반란이 있을 때 그들을 지휘하고 행동 계획을 세울 수 있는 능력이 있는 사람들이 많이 있다.

프랑스인들이 군사적으로 해결하는 것을, 미국인들이 시민 사회를 조직해 해결하는 것은 유사한 것이라 할 수 있다. 즉 미국인들은 만일 무정부 상태에 처하게 되면, 누구든지 바로 정부를 조직해내고, 정부의 일을 비롯한 공적 업무를 지성적 판단과 질서, 결단력으로 충분히 수행해 나갈 수 있다.

이러한 자세가 모든 자유인들이 당연히 해야 할 모습이다. 이렇게 할 수 있는 국민은 당연히 자유를 누릴 수 있다. 어떤 사람이나 조직이 중앙 조직의 통제권을 장악하여 자신들을 노예화되도록 결코 내버려 두지 않을 것이다. 이러한 국민들에게 원하지 않는 일을 시킬 수 있는 관료들은 없다.

그러나 정부의 모든 일을 관료들이 장악하고 있는 곳에서는 관료가 결단코 반대하는 일은 어떤 것도 이룰 수가 없다. 이런 나라의 국가 조직은 경험과 실천적 능력을 가진 사람들에 의해 나머지 일반 대중들을 통제하려는 목적으로 구성된다. 따라서 조직화되면 될수록 사회 여러 분야에서 유능한 인재들을 관료제로 끌어들이고, 그들을 성공적으로 교육시킬 수 있게 된다. 그리고 그들을 비롯한 사회의 모든 구성원들을 통제할 수 있게 된다. 피지배자가 지배자의 구속을 받는 것처럼 지배자 역시 이들 조직과 질서의 지배를 받기 때문이다.

중국의 관료들은 비천한 개척농민들과 마찬가지로 전제적 군주에게 예속된 도구였다. 예수회(역자 주 : 가톨릭 내의 사제 수도회. 16세기에 만들어졌으며, 사도들을 제수이트라고 부른다. 엄격한 규율과 복종을 요구한다. 전세계적으로 조직되었는데, 중국의 전통적 관습을 수용하는 선교방침도 있었다고 한다.) 교파 조직은 사제들의 집단적 힘과 권위를 보호하기 위해 존재하지만, 각각의 사제들은 그 조직의 질서에 순응하는 노예와 같은 최하위 계급에 처해 있는 것이다.

절대 잊어서는 안 되는 사실은, 나라의 유능한 인재들을 모두 정부의 관료집단으로 끌어들이는 것은 머지않아 정부 조직 자체의 정신적 활동과 발달에 치명적인 해를 끼치게 된다는 것이다. 관료들은 모두 집단으로 움직이기 때문에 다른 조직들처럼, 정해진 규칙에 의해 마련된 척도 내에서 운영될 수밖에 없다. 따라서 그들은 반복되는 관행에 젖어 끊임없이 게을러지기 쉽다. 간혹 그들이 습관적인 궤도에서 벗어난다 하더라도 관료 집단은 그들을 이끄는 몇몇 구성원들이 만들어낸 (미숙하기 짝이 없는) 일시적인 일만을 추종하게 된다.

비록 표면적으로 상반된 듯이 보이지만 실제로는 긴밀하게 관련이 있는 이 두 가지 경향을 자극할 수 있는 유일한 방법은 관료 집단 외부에 있는 유능한 사람들이 심도 있는 비판을 하는 것이다. 그것은 관료 집단 자체의 능력을 높은 수준으로 끌어올릴 수 있는 자극도 될 것이다.

따라서 필수불가결하게 정부와는 다른 별개의 조직이 있어야 한다. 그 조직의 사람들은 중대한 실천적 문제에서 올바른 판단을 할 수 있도록 경험과 기회를 주어, 충분한 능력을 갖출 수 있도록 해야 한다.

만약 유능하고 효율적인 관료체제, 특히 진보적이며, 진보적인 모든 것을 수용할 수 있는 그런 관료들을 영원히 존재하게 하려면, 또한 이들이 현학으로 빠져들기를 원하지 않는다면, 정부에서 필요로 하는 능력을 키우고 계발하는 모든 업무를 관료체제가 독점하게 해서는 안 된다.

인간의 자유와 진보에 치명적인 해악이 나타나는 것은 어느 시점일까? 다시 말하면 사회의 발전을 저지하는 장애물을 없애기 위해 나타난 지도자를 사회가 인정했을 때, 그는 사회의 힘을 집합적으로 운용할 수 있다. 그러나 그러한 이익이 해악에 의해 압도당하기 시작하는 시점은 언제일까?

사회의 일상적인 활동의 많은 분야를 정부 관할로 바꾸지 않으면서 동시에, 권력과 지성을 최대한 집중화시켜 안정된 정부를 운영하는 것은 통치 기술 중 가장 어렵고 복잡한 문제 중의 하나이다. 이것은 대단히 중요한 표준이며, 세부적인 문제이기 때문에 다양한 고려가 선행되어야 하며 절대적 기준이란 존재할 수 없다. 그러나 어려움을 극복하기 위한 모든 수단을 시험할 수 있는 기준과 이상을 지향하면서도 안정성을 갖춘 실천적 원칙이란 다음과 같은 말로 설명될 수 있는 것이라 믿는다.

권력은 효율적으로 최대한 분산시킨다. 그러나 정보는 최대한 중앙으로 집중시킨 다음 널리 확산시킨다. 따라서 지방자치 행정은 뉴잉글랜드처럼 직접적으로 관련이 있는 한 개인에게 맡길 수 없는 모든 업무는 지역민들이 선출한 부서별 공무원들에게 정밀하게 배분한다.

그러나 그 외에 지방 행정의 각 부서에는 중앙 감독기관을 설치하여 지부 역할을 하게 한다. 이들은 지방 행정 부서에서 행해진 모든 활동, 외국에서 행해진 유사한 일, 정치학의 일반 원칙으로부터 얻게 된 다양한 정보와 경험 등을 집중적으로 종합해 낼 것이다.

이러한 중앙 정부 조직은 사회에서 일어나는 모든 것에 대해 알 권리가 있으며, 어느 한 지방에서 얻어낸 지식은 다른 지방에서 이용할 수 있도록 해 주는 특별한 의무를 띠고 있다. 중앙 정부 기관은 상위조직으로서 포괄적인 관찰력을 갖출 수 있기 때문에 지방 정부의 편견과 편협한 시각에서 벗어날 수 있다. 따라서 그들의 의견은 자연스럽게 상당한 권위를 갖게 된다.

그러나 항구적인 제도로서 중앙 감독기관의 실제적 권력은 지방 관료들을 지도하기 위해 제정된 법률을 그들이 준수하도록 강제하는 정도까지라고 생각된다. 일반 규칙에 정해져 있지 않는 모든 사항은 지방 관료들이 그 지역 선거권자들을 책임지는 형태로 스스로 판단할 수 있도록 허용되어야 한다. 그들이 규칙을 어길 때는 법적 책임을 져야 하며, 그러한 규칙 자체는 입법부에 의해 만들어진다.

중앙 감독 기관은 규칙이 잘 실행되고 있는지 감독하며, 적절하게 실행되지 않는 사항은 법적 조치를 취하거나, 법을 위반한 관료를 해임할 것을 지역 선거권자들에게 호소한다. 영국의 빈민 보호 위원회(역자 주 : 1834년에 제정된 구민법개정령에 의해 설치되었다. 가난하고 불운한 사람을 도와주기 위해 만들어진 구빈원은 '바스티유 감옥'으로 불릴 정도로 증오심을 불러 일으켰다. 찰스 디킨스의 소설《올리버 트위스트》[1838년]는 빈민 구제법과 사회적 악행을 고발한 소설이다.)에서 빈민세를 징수하는 전국의 관료들에게 행사하려고 했던 중앙 감독권이 대체로 그런 것이다.

이 위원회가 아주 특수한 경우에 한계를 넘어서 어떤 권력을 행사하는 것은 필요하고 정당하다. 즉 단순히 지역 주민뿐만 아니라 사회 전체에 영향을 끼치는 문제를 잘못 관리하는 오래된 관행을 치유하려는 목적이었다면 그렇다. 즉 어떤 지역이라 할지라도 잘못된 행정으로 지역민을 빈민 상태로 만들고, 결국 다른 지역으로까지 확산되게 함으로써 전체 노동 환경에 도덕적, 물리적으로 해를 끼칠 권리는 없기 때문이다.

빈민보호위원회의 강제적 행정권과 그에 따른 법률 제정권 (그 주제에 관한 여론의 향방에 의해 극히 예외적으로 행사된다.)은 가장 최우선의 국가적 이익에 대해 행사될 때는 정당하지만 아주 지역적 이익에 관한 것을 감독하는 것은 전적으로 권한 밖의 일이다. 그러나 모든 지방 행정의 정보와 교육을 담당하는 중앙감독 기관은 정부의 모든 부서와 마찬가지로 유용하다.

개인의 노력과 발달을 억압하지 않고, 도와주고 북돋아주는 활동이라면 어떤 것이든, 국가에서 아무리 장려해도 지나치지 않다. 그러나 국가가 개인과 집단의 능력과 활동을 요구하는 것이 아니라 국가 스스로 대신 실행해 버린다면, 즉 정보도 주고, 충고도 하고 경우에 따라 비판하는 것이 아니라, 강압적으로 일을 시키거나 당사자들을 무시해버리고 정부가 주도적으로 활동했을 때 폐해가 생기는 것이다.

결국 국가의 가치는 국가를 구성하고 있는 개인들에게서 비롯되는 것이다. 즉 국가가 개개인의 정신적 성장과 발달을 중요하게 생각하지 않고, 사소한 업무를 해본 경험에서 얻은 겉으로 드러나는 행정적 능력만을 더 중요하게 생각할 수 있다. 그것은 국가가 개인들을 왜소하게 만드는 일이다. 비록 개인의 이익을 위해 행해지는 일이라 할지라도 국가가 마음대로 좌우할 수 있는 보잘 것 없는 도구가 될 것이다. 또한 결국은 소극적인 국민들에 의해 위대한 성과를 낼 수 없다는 사실을 알게 될 것이다.

국가가 완벽한 조직을 만들기 위해 모든 것을 희생해버렸다면, 그 조직을 원활하게 작동시키기 위한 생명력의 부족으로 아무런 쓸모도 없게 될 것이다. 국가가 그 생명력을 사라지게 했기 때문이다.

부 록

존 스튜어트 밀의 생애와 사상

독서를 통한 영재교육

존 스튜어트 밀John Stuart Mill(1806~1873)은 1806년 5월 20일 영국 런던의 펜톤빌Pentonville에서 9남매의 장남으로 태어났다. 철학자이며 역사학자인 아버지 제임스 밀James Mill(1773~1836)은 당시 영국을 대표하는 지식인들 중의 한 명으로 공리주의자인 벤담Jeremy Bentham(1748~1832)과 경제학자 리카도David Ricardo(1772~1823)와 친밀하게 교류했다.

아버지 제임스 밀은 자신이 직접 아들의 교육을 담당했으며, 어렸을 때부터 독서를 통해 엄청난 양의 지식을 습득하도록 이끌었다. 밀은 세 살 때부터 그리스어를 배우기 시작하여 여덟 살이 될 때까지 이솝의 《우화들》, 헤로도토스의 《역사》, 플라톤의 《대화편》을 그리스어로 읽었다. 또한 라틴어는 물론 유클리드 기하학과 대수학을 배워 동생들을 가르치기도 했다. 열두 살에 아리스토텔레스의 논리학을, 열세 살에 정치학과 경제학을 배우기 시작하여 애덤 스미스Adam Smith(1723~1790)의 《국부론》을 읽었으며, 열여섯 살 때는 계몽주의 철학서들을 섭렵했다.

밀의 사상에 가장 많은 영향을 끼친
영국의 공리주의 사상가 벤담.

　밀은 아버지를 비롯한 당대의 대표적인 사상가들로부터 교육을 받아 지
적으로 성장한 조숙한 천재였다. 특히, 벤담의 철학에 깊이 공감했던 아버
지 밀은 벤담과 자신이 사망한 후에 공리주의를 널리 전파하고 이어갈 후
계자로서, 천재적인 지식인을 만들어낸다는 목표를 가지고 있었다.

벤담과 리카도의 영향

리카도는 애덤 스미스의 자유방임주의 경제학을 계승하고 동시에 자유주
의 경제 체제를 주장하여 사회개혁을 시도한 경제학자이며, 벤담은 '최대
다수의 최대 행복'을 주장한 공리주의 철학자이다.
　밀은 공리주의의 유용한 원리, 즉 '최대의 행복'이라는 벤담의 표준을
적용하면 사회 개혁을 이룰 수 있다고 믿어 열렬한 공리주의자가 되었다.
그러나 공리주의가 인간의 행복을 쾌락의 양으로만 측정하려 한다는 결함
을 비판하기도 했다. '배부른 돼지가 되기보다는 배고픈 인간이 되는 편이

낫고, 만족해하는 바보가 되기보다 불만족스러운 소크라테스가 되는 것이 낫다'는 유명한 말로써 정신적 가치와 쾌락의 질을 중시했다.

20대(1826~1832년)에 접하게 된 벤담의 저서는 그에게 인생에 대한 뚜렷한 목표를 가질 수 있도록 해주었다고 한다. 밀은 인간의 행복이란 무엇인가라는 사색적 질문을 거듭하며 '나는 진정한 인생의 목적이라 부를 만한 것을 갖게 되었다. 그것은 세계의 개혁자가 되는 것이다. 나 자신의 행복은 이 목적과 전적으로 일치해야 한다.'라고 생각했다. 이후 밀은 영국 사회의 각종 문제점을 분석하는 저술활동에 평생 몰두하게 된다. 그러나 그의 글은 정치학 이론에 그치지 않았으며, 현실 정치와 관련된 글들을 발표하여 사회 개혁 운동에 적극적으로 참여했다.

또한 밀은 아리스토텔레스의 《수사학》에서 인간성과 인간 생활에 관한 고대인의 가장 뛰어난 성찰을 배울 수 있었으며, 데모스테네스의 연설집에서는 아테네의 여러 제도에 대한 통찰과 입법과 행정의 원리에 대해 이해하게 되었다고 말한다. 이처럼 어린 시절의 독서로부터 사회조직과 인간, 즉 계급투쟁과 국가의 조직에 대해 일찍부터 관심을 갖고 연구에 몰두하게 되었다.

훗날 그는 자서전에서 어린 시절에 받았던 교육에서 대해 '나는 어린아이가 아니었다. 단 한 번도 크리켓 놀이를 해 본 적이 없다.'고 밝히기도 했지만, 아버지의 글과 자유주의적 사고에 대해 커다란 자부심을 갖고 있었다. 그는 자신의 아버지에 대해 '일관된 신념으로 자신의 글쓰기에 온갖 노력을 다 한 사람'이었으며 '벤담주의, 즉 공리주의의 확립과 전파에 전념했던 사람'이라고 말한다.

그가 읽었던 모든 저서들 중에서 사상적 발전에 가장 큰 영향을 끼친 것은 아버지 제임스 밀의 저서 《인도사》이다. 밀은 이 책을 통해 인도 사회와 문명, 그리고 영국의 헌법과 법률, 정부 시책들에 대해 충격과 더불어 교훈을 얻었다고 말한다. 이 책에는 당시 과격한 것으로 여겨졌던 민주적 극단주의의 견해와 판단 방식이 배어 있었고, 또 영국에서 권세 있던 모든 정당과 계급에 대한 비판이 드러나 있었다. 또한 영국 동인도회사의 특권과 행정상의 문제점과 함께 올바른 원칙들을 제시하고 있었다. 그래서였는지 밀은 청년기(17세)에 동인도회사에 취직해(1823년), 1858년 폐업할 때까지 35여 년을 그곳에서 일했다.

평생의 사상적 벗이며 아내, 해리엇 테일러를 만나다

밀은 청년시절에 문득 아버지의 교육에 의해 지적 훈련에는 성공한 듯했으나 그러한 성취가 아주 보잘 것 없다는 생각에 이르게 된다. 너무 이른 성공에 만족해 버린 자신에 대해 사상적 성장 외에 감성적 성숙에서 문제가 있는 것은 아닌가라는 자각을 갖게 되면서 우울증과 신경쇠약에 시달리게 되었다.

그 후로 낭만적인 시와 예술에 관심을 갖기 시작하면서 그동안 모든 문제를 논리와 경험으로만 해결하려 했다는 생각을 수정하게 되었다. 인간의 교양에서 감정을 배양하는 수단으로써 시와 상상력의 가치를 과소평가했다는 것을 깨닫게 된 것이다. 자연을 찬미한 워즈워드와 바이런의 시에서 위로를 받고 기쁨을 발견한 밀은 서서히 우울증을 극복할 수 있었다. 그리고 평생의 동반자가 된 해리엇을 만나면서 생의 전환기를 맞게 된다.

해리엇과 존 스튜어트 밀
두 사람은 20여 년간 사상적 동지이며,
삶의 동반자였다. 밀은 자신의 자서전에
서 《자유론》 집필도 두 사람이 함께 했다
고 밝힌다. 그러나 헤리엇은 《자유론》이
완성되기 전에 세상을 떠났다.

25세가 된 1830년 여름, 밀은 해리엇 테일러Harriet Taylor(1807~1858)를
만났다. 하지만 당시에 해리엇은 이미 결혼한 유부녀였으며, 그 후 21년
동안 정신적인 교류를 이어오던 그들은 그녀의 남편이 죽은 다음(1949)에
정식으로 부부가 되었다.

해리엇은 밀과 연인 이상의 관계 즉 정신적, 사상적으로 교감되는 벗이
며, 동지였다. 그녀는 밀의 사상에 커다란 영향을 끼쳤으며 밀의 중요한 저
술들은 모두 해리엇의 손에 의해 출판되었을 정도였다. 밀 역시 아내의 생
각과 자신의 생각이 다르다는 것은 상상도 못할 일로 여겼다. 밀은 자신의
자서전에 해리엇에 대해 '이 벗과의 우정은 내가 인류의 진보와 개선을 위
해 해보려고 한, 그리고 앞으로 실현해 봤으면 하는 모든 것의 원천이며'
'나보다 더 뛰어난 사상가이며 내 생애의 영광이며, 으뜸가는 축복으로 나
에게는 하나의 종교이며, 가치의 근본이며, 내 생애의 표준 같은 사람'이라
고 밝히고 있다. 그러나 1858년 10월 프랑스 여행 도중 해리엇이 병에 걸
리게 되고 11월에 아비뇽에서 사망하게 되어 두 사람의 결혼 생활은 7년
만에 끝나고 말았다.

밀은 35여 년 동안 동인도회사를 다니는 것 외의 다른 공직생활은 하지 않았다. 그러나 단 한 번의 공직생활은 현실 정치에 필요한 여러 사상적 개혁을 관찰하고 배우는 기회가 되었다. 1865년 초 몇몇 유권자들의 추천에 의해 런던 웨스트민스터에서 하원 의원 선거에 출마하여 의회에 진출하게 된 그는 자신이 품고 있던 정치적 원칙에 따라 사회, 정치 문제를 실험해 보았다. 그러나 그 다음 선거에 낙선하자 정치인으로서의 길은 접었다. 이후 아내 해리엇이 생을 마친 프랑스의 아비뇽 별장으로 건너간 밀은 1873년 세상을 떠날 때까지 집필에 몰두했으며 영국에는 거의 발을 들여놓지 않았다.

밀의 주요 활동은 아버지에게서 교육을 받을 때부터 주로 저술 작업에 집중되어 있다. 1822년부터 관심 있는 주제(종교, 법률의 결함, 장관들이나 법원의 과실 등)를 다룬 논문들을 자유주의를 표방하는 신문인 〈트래블러Traveller〉에 발표하기 시작했다. 최초의 저술 작업은 벤담의 《법적 증거의 합리적 근거Rationale of Judical Evidence》를 도와 집필한 것이었다. 벤담은 부족한 부분의 보충 원고를 밀에게 부탁했으며, 책이 출간될 때 편찬자로 그의 이름을 함께 올렸다. 그 후 1838년부터 쓰기 시작하여 1843년에 출간한 《논리학 체계A System of Logic》(역자 주 : 스콜라 학파 논리학자들의 원칙과 분류를 합리화하고 수정한 것이다.)가 자신의 최초의 저술이다. 이 책은 성공적으로 인기를 끌어 밀의 이름이 세상에 널리 알려지기 시작했다.

그 다음의 저서인 《정치경제학 원리Principles of Political Economy》역시 대성공을 거두었지만, 무엇보다도 밀의 명성을 가장 널리 알리게 된 것은

1859년에 출판된 《자유론On Liberty》이었다.

또한 공리주의에 관심이 높았던 밀은 1863년 《공리주의Utilitarianism》를 출간했으며, 해리엇과 공동 작업으로 펴낸 《여성의 종속The Subjection of Women》은 여성의 평등에 관한 밀의 사상이 담겨 있다.

자유론에 대하여

밀의 자유론은 개인의 사상의 자유, 언론과 출판의 자유, 그리고 행동의 자유를 옹호하는 변론서(에세이)이다. 밀은 이 논의를 펼치기 전에 먼저 자유의 이념에 대해 이렇게 말한다. 고대 시대부터 지금까지의 자유의 의미란, 시민 혹은 시민의 일부 계급과 정부 사이에서 벌어진 투쟁으로서 정치적 통치자의 폭정에 맞선 보호를 의미했다.

즉, 그것은 1649년 영국에서 전제정치를 펼친 찰스 1세의 처형이 이루어진 것 같은 사건을 의미한다. 유럽 역사상 절대 군주가 재판에 의해 시민들이 지켜보는 가운데 처형된 최초의 사건이었다. 이로써 영국에서는 절대 왕정 시대가 끝나고 새로운 시민국가 시대로 들어서게 된 것이다. 또한 1689년의 명예혁명으로 의회에 의해 새로운 왕이 추대되었으며, '권리장전'이 선언되었다. 권리장전은 의회의 동의 없이 왕권으로 법을 만들거나 집행하는 것을 금지했다. 이제 영국을 비롯한 유럽의 여러 나라들은 국왕 한 사람이 나라를 다스리던 시대가 끝이 난 것이다.

또한 1789년 프랑스 대혁명은 정치권력이 왕족과 귀족 계급에서 시민

계급으로 넘어가 시민의 자유와 평등, 권리를 인정하여 민주주의라는 새로운 정치체제의 탄생을 마련하였다.

따라서 밀이 활동하던 빅토리아 시대의 영국을 비롯한 유럽 사회는 초기 근대시민 사회로써 군주의 통제로부터 벗어난 자유는 획득하고 있었다. 또한 벤담의 사회적 공리를 추구하는 공리주의 사상은 다수결의 원리에 기초하는 정치적 민주주의의 틀을 형성할 수 있게 했다. 그러나 밀은 여기에서 더 나아가 극히 개인과 관련된 자유의 의미를 논하겠다고 밝히고 있으며,《자유론》의 전체 주제가 이것이다.

밀이《자유론》에서 주장하는 핵심 내용은, 개인의 자유는 타인에게 해를 끼치지 않는 범위 내에서는 극히 절대적이라는 것이다. 따라서 국가의 권한 또는 일반적인 도덕적 판단으로 개인의 자유를 제한할 수 없다는 것이 주요 내용이다.

밀의 이러한 사상은 프랑스 귀족 출신 토크빌Alexis de Tocqueville(1805~1859)의 견해로부터 출발했다고 할 수 있다. 토크빌은 1831년 유럽의 어느 누구도 꿰뚫어 보지 못한 미국의 민주주의 체재를 직접 눈으로 보고 2권의 책으로 유럽에 소개했다. 그는 유럽에서 대중적 민주주의가 성공하기 위해서는 특정한 조건들이 필요하다고 제시했는데, 그 중에서 밀이 주목한 것은 하나의 의견이 다수에 의해 지지받는다고 해서 당연히 진리가 아니며, 사회는 다양한 의견의 차이를 존중해야 하며, 다른 생각을 가진 소수의 견해들도 경청해야 한다는 것이다. 누구도 한 개인에게 다수의 생각을 강요할 수 없다는 것이다.

더불어 다양성을 존중하는 사회가 진보할 수 있는 것이며, 자유로운 토론으로 진리에 접근해야 한다는 것을 주장하고 있다. 밀은 과거 역사에서

대중적 민주주의 이론을 연구한
프랑스 정치가, 알렉시스 드 토크빌.

최초의 민주주의 시대를 열었던 아테네에서 역사상 가장 지울 수 없는 실수를 저지른 것이 바로 소크라테스의 처형이며, 로마 시대에 행해진 예수의 처형도 역시 다수의 의견과 다른 소수의 의견이 진리일 수도 있다는 것을 보여주는 것이라고 말한다. 이외에도 구교와 신교의 갈등 속에서의 개인의 종교적 자유에 대한 문제, 관습과 다른 행동을 하는 개인에게 사회나 국가가 행사하는 권력이 도덕적으로 정당성을 지니려면 어떠해야 하는지를 여러 가지 사례를 들어 논증하여 밝히고 있다.

장별 주제와 핵심 내용

《자유론》은 총 5장으로 구성되어 있으며 각 장별 주제와 핵심내용을 살펴보면 다음과 같다.

제1장 서론

지금부터 2세기 전 밀이 살던 유럽 사회는 입법제도나 헌법 등의 사회적 제도 개선으로 과거 역사 동안 국가 권력으로부터 억압당했던 개인의 정치적 자유가 어느 정도까지는 쟁취되었다고 생각했다. 그러나 밀은 여전히 극히 개인적인 진정한 자유는 확보되지 못했다고 보았다.

그 중에서 가장 위험한 것이 다수의 의견이나 여론이 개인의 자유를 침해하는 경우라고 생각했다. 이것이 《자유론》 전체를 관통하고 있는 핵심적인 문제이며, 1장에서는 사회가 개인을 상대로 정당하게 행사할 수 있는 권력의 성질과 그 한계를 논한다.

다수의 여론이란 사회 공동체의 이익을 위해 주장되는 것이지만 그것이 그 사회의 도덕 가치를 결정하는 절대 진리일 수 없다는 것이 밀의 주장이다. 개인의 사상과 행동이 사회의 관습이나, 여론, 특정한 종교에 의해 지배된다면 그것은 진정한 자유의 본질이 아닌 것이다.

밀이 주장하는 자유의 본질은, 개인은 타인에게 해를 끼치지 않는 한, 절대적 자유를 누릴 수 있도록 사회적으로 보장되어야 한다는 것이다. 밀은 그것을 '시민적, 사회적 자유'라고 명명한다. 그리고 그러한 개인의 기본적인 자유 영역을 세 가지로 구분하여 제시하고 있다.

핵심 내용

:: 사회는 자체적으로 명령을 집행할 수 있으며 실제로도 그렇게 한다. 그런데 만약 정당한 명령 대신 부당한 명령을 내리거나, 결코 간섭해서는 안

되는 일들에 대해 명령을 내리게 된다면, 여러 종류의 정치적 탄압들보다 더 견디기 힘든 사회적 폭압을 실행하는 것이 된다. 비록 일반적으로는 극단적인 형벌에 근거해 집행되지는 않는다 해도, 일상생활의 세세한 곳까지 훨씬 더 깊숙이 침범해 인간의 정신 자체를 노예화시켜 그것을 피해갈 방법이 더욱 적어지기 때문이다.

:: 나는 이 책에서 자유의 원리에 관한 단 한 가지 원리를 천명하고자 한다. 사회가 개인에 대해 강제나 통제를 가할 수 있는 경우를 최대한 엄격하게 규정하는 것이 이 책의 목적이다.

즉 그 원리는 '인간 사회에서 누구든, 개인이든, 집단이든 다른 사람의 행동의 자유를 침해할 수 있는 경우는 오직 한 가지, 자기 보호를 위해 필요할 때뿐이다. 다른 사람에게 해를 끼치는 것을 막기 위한 목적이라면 당사자의 의지에 반해 권력이 사용되는 것도 정당하다고 할 수 있다.

:: 다른 사람의 이익에 영향을 미치는 행위에 대해서만 외부의 힘이 개인의 자율성을 제한할 수 있다. 누군가 다른 사람에게 해가 되는 행동을 한다면 그 사람은 당연히 법에 따라 처벌을 받아야 한다. 법적 처벌이 어려울 때는 모든 사람으로부터 비난을 받아야 마땅하다.

:: 인간 자유의 고유한 영역

첫째, 자유는 의식의 내면적인 영역을 포함한다. 가장 포괄적인 의미에서 양심의 자유를 포함하며, 사상과 감정의 자유 즉, 실천적이거나 사색적, 과학적, 도덕적 또는 신학적 자유 등 모든 주제에 대한 의견과 감정의 절대적인 자유를 포함한다.

둘째, 이 원칙에서는 취향과 목적 추구의 자유를 요구한다. 어떤 결과가 따르게 될지라도, 자신의 성격에 맞추어 인생 계획을 설계하고, 자신의 뜻대로 행동할 자유가 필요하다. 즉, 비록 바보스럽고, 고집스럽거나 잘못된 행동처럼 보이게 될지라도, 다른 사람들에게 해를 끼치지 않는 한, 그들로부터 방해받지 않을 자유가 필요한 것이다.

셋째, 동일한 한계 내에서, 각 개인이 갖는 이러한 자유로부터 개인 간의 결사의 자유가 도출된다. 성인으로서 강제로 혹은 속임수에 의한 경우가 아니며, 다른 사람들을 해치려는 어떤 목적도 없다면 연합할 수 있는 자유이다.

제2장 사상과 언론의 자유

밀은 1장에서 인간 자유의 고유한 영역을 구분하여 제시하였다. 2장에서는 그 중에서 가장 핵심적인 자유의 본질이라고 할 수 있는 사상과 언론의 자유를 설명한다.

다수의 대중 여론이든, 국가 권력이든, 종교적 교리이든 그 누구도 자신과 다른 의견을 억압하는 것은 자유에 대한 침해라고 말한다. 그것은 일반 대중들이 어떤 의견을 따를 때 그것이 진리이기 때문에 따르는 것이 아니라, 사회적 여론에 의해 무조건적으로 따르는 경향이 있음을 경고한다. 그것은 인류의 역사에서 여러 가지 사례로 드러나고 있기 때문이다.

과거에 소수의 의견이었기 때문에 박해를 받았던 주장이 지금에 이르러 진리로 드러나며, 과거에 다수가 추종했던 주장이 지금은 거짓으로 드러나는 수많은 사례들이 존재하기 때문이다.

따라서 밀은 다수의 의견이 진리가 아닐 수 있는 것처럼, 소수의 의견이 진리일 수도 있기 때문에 개인의 사상과 또 그것을 표현할 수 있는 자유가 보장되어야 하며, 어느 누구도 스스로 완벽하게 무오류라고 전제할 수 있는 진리는 존재하지 않는다고 단언한다. 따라서 다양한 의견들이 논증과 토론을 통해 진리를 찾으려 할 때, 사회가 진보할 수 있다고 말한다.

핵심 내용

:: 한 사람만을 제외한 모든 인류가 같은 의견을 갖고 있으며, 그 한 사람만이 반대 의견을 갖고 있다 해서 인류가 그 한 사람을 침묵케 하는 것이 정당화될 수 없다. 이것은 그 한 사람이 권력을 가지고 있어서 인류를 침묵케 하는 것이 정당화될 수 없는 것과 같다.

:: 사람은 토론과 경험을 통해 자신의 잘못을 바로잡을 수 있다. 경험 하나만으로는 안 된다. 경험을 바르게 해석하려면 토론이 필요하다. 잘못된 생각과 행동은 사실과 논쟁에 굴복할 수밖에 없다. 그러나 사실과 논쟁이 인간의 정신에 어떤 영향을 끼치기 위해서는 먼저 그 정신 앞에 제시되어 판단되어야 한다. 사실이 가진 의미를 파악하기 위해 사람들이 논평하지 않는 한, 사실 자체가 그 모습을 드러내는 일은 거의 없다. 인간의 판단이 갖는 모든 힘과 가치는 그것이 틀렸을 때 바로잡을 수 있다는 인간 고유의 특성에 달려 있다. 인간이 자신의 판단을 바로 잡을 수 있는 수단을 늘 갖

추고 있어야만 그 판단은 신뢰를 확보할 수 있다.

:: 인간의 정신력이 담대해지고 확장되지 않으면 이러한 문제에 대한 정당한 권리를 찾는 것은 불가능할 것이다. 인간의 정신력이 담대해지고 확장되면 가장 가치 있는 주제에 대해 자유롭고 과감한 토론을 할 수 있을 테지만, 그렇지 못하면 우리는 그런 것들을 포기해야 된다.

:: 사상의 자유와 언론의 자유가 네 가지 명백한 이유에 의해, 인류의 정신적 복지(다른 모든 복지의 조건이 되기 때문에)를 위해 반드시 필요하다는 것을 확인했다. 이제 그것들을 간단히 정리해 보려고 한다.

첫째, 만일 어떤 의견이 침묵을 강요당한다면 그것에 대해 확실하게 알 수는 없지만, 진리일 수도 있다. 이것을 부정하려는 것은 자신이 절대 오류가 없다는 것을 전제하는 것이다.

둘째, 비록 침묵 속으로 사라진 의견이 오류일 수도 있으나, 일정 부분은 진리를 포함하고 있을 수 있으며, 실제로 그런 경우가 많다. 어떤 주제에 대해 다수가 지지하는 의견 또는 일반적으로 인정된 의견은 완벽한 진리가 아닐 수 있다. 비판적 의견들의 대립으로 그 나머지 진리들이 보충될 수 있는 기회가 있어야 한다.

셋째, 비록 일반적으로 인정된 의견이 진리이며, 또한 완벽한 것이라 해도 그것 또한 활발하고 진지한 토론으로 검증될 수 있어야 한다. 그렇지 않으면 그 의견을 수용하는 사람들은 그 진리에 대한 합리적 근거를 거의 이해하지 못하거나 느끼지 못한 채 편견을 갖게 되는 것일 뿐이다.

넷째, 자유 토론이 없다면 그 교의가 가진 의미는 미약해져서 사라져 버릴 위험까지 있다. 또한 인격 형성과 행동에 기대할 수 있는 영향력도 없어지는 것이다. 따라서 선을 행하려는 데는 아무런 영향력이 없는 그저 형식적인 고백에 지나지 않는 교의가 된다. 뿐만 아니라 교리의 근거를 흔들어 버림으로써 이성 또는 개인적 경험을 바탕으로 한 생생하고 진심어린 신념을 갖게 되는 것을 방해한다.

제3장 복지의 한 가지 요소인 개별성에 관하여

밀은 당시 19세기 유럽 사회가 산업혁명과 같은 사회적 변환으로 인간들이 평준화되고 동질화되고 있는 현상을 사회적 퇴보로 경고한다.

사회의 조직체인 개인의 개성과 독창성이 발달되면 한 개인의 삶뿐만 아니라 사회전체에도 더 활기 넘치게 될 수 있기 때문에 개인이 한 인격체로 성장하기 위한 자발적 선택권은 반드시 보장되어야 하며, 그것이 복지를 위한 필요불가결한 조건임을 강조한다.

자발적 선택권이란 개인은 사상의 자유뿐만 아니라, 모든 정신 활동에서 자신의 의견에 따라 자유롭게 행동할 수 있다는 것이다. 다만, 자신의 행동에 대한 책임과 위험은 스스로 부담해야 한다. 따라서 어떠한 유해한 행동을 적극적으로 선동하는 경우에는 사회의 안전과 복지를 위해서는 자유의 특권이 상실될 수 있다고 주장한다.

즉, 극단적인 선동은 철저하게 구별되어야 하며, 개인의 주장은 신문이나 잡지 등을 통해서 주장될 때 진정한 자유를 누릴 수 있는 것이다. 진정한 질적 자유의 실현을 위해서는 각 개인의 개별성이 다양하게 발전될 수 있는 사회적 조건이 갖춰져야 한다.

그러나 밀은 당시 사회는 불행하게도 개인의 자발성이 어떤 본질적 가치를 갖고 있는지, 또는 그 자체로 존중되어야 할 것으로 인식되지 못하고 있다고 보았다. 따라서 각 개인은 자신의 내면의 가치를 다양하게 펼칠 수 있도록 자신의 삶을 계획할 수 있어야 하며 사회는 그것을 보장해 주어야 하는 것이다. 취향이나 생각이 다른 사람을 관습이나 종교적 교리(특히 칼뱅주의, 복음주의), 또는 여론의 힘으로 무시하는 것은 자유와 진보를 토대로 하는 문명화 사회를 오히려 야만의 시대로 되돌리는 것이라고 성토한다.

핵심 내용

:: 인류가 여전히 불완전한 존재로 남아 있는 한, 다양한 의견이 유익한 것처럼, 다양한 형태의 생활방식도 유익하다. 타인에게 해를 끼치지 않는 범위 내에서는 다양하고 자유로운 행동 양식이 허용되어야 한다. 또한 누구라도 자신에게 맞는 생활 방식을 시도하여 실제로 다양한 여러 가지 생활 방식이 가치 있다고 증명되는 것이 유익하다.

:: 각 개인의 자유로운 발전이 복리의 핵심적인 본질 중의 하나이며 문명, 훈련, 교육, 교양 등이 의미하는 것과 대등한 요소일 뿐만 아니라, 그 자체가 이러한 모든 것들의 필요조건이라는 사실을 인식할 수만 있다면 자유가 과소평가될 위험은 없다. 동시에 자유와 사회적 통제 사이의 경계를 조정하는 데에 있어서도 심각한 어려움은 없을 것이다. 그러나 불행하게도 일반적인 사고방식에서는 개인의 자발성이 본질적인 가치를 갖고 있으며

그 자체로 존중되어야 한다고 인식되지 못하고 있다.

:: 인간이 지닌 개별성을 획일적으로 소진하는 대신, 타인의 권리와 이익을 침범하지 않는 범위 내에서 각자의 개별성을 계발하여 가꾸어 낼 때, 인간은 고귀하고 아름다운 사색하는 존재가 된다.

:: 인간들 사이에는 즐거움을 느끼는 원인과 고통에 대한 반응 그리고 다양한 육체적, 도덕적 작용이 미치는 효력 등이 서로 다르게 나타난다. 따라서 그들의 생활양식에 상응하는 다양성이 주어지지 않으면 정당하게 누려야 할 행복을 얻을 수 없다. 또한 천성적으로 도달할 수 있는 정신적, 도덕적, 미적 수준으로 성장할 수가 없다.

제4장 개인에 대한 사회적 권한의 한계

4장은 밀이 일관되게 주장하고 있는 개인의 '절대적 자유'가 실제적 행동과 실천으로 옮겨졌을 때 개별성의 권한이 어디까지 가능한지를 좀 더 상세하게 다루고 있다. 즉 개인의 자유에서 더 나아가 권리를 설명하고 있다.

예를 들면 어떤 상대가 우리를 불쾌하게 만드는 행동을 하게 된다면, 싫은 감정을 표현할 수 있으나 그 사람을 불편하게 만들어 억제할 수는 없다는 것이다. 싫으면 그냥 그 사람을 피하면 되는 것이다. 그러나 그러한 행동이 타인의 이익에 해를 끼치는 경우에는 절대적 자유가 상실되는 것이 당연하다는 것이다. 이때 사회적 강제력이 정당성을 가지려면 어떻게 행사되어야 하는지를 구체적으로 다루고 있다.

밀은 개인이 자신과 관련된 문제에서 본인 스스로 내린 판단과 목표를 사회가 간섭하여 좌우하려는 것은 전적으로 막연한 가정에 근거한 것이라고 보았다. 그러나 사회의 보호를 받는 모든 개인은 사회적 혜택에 보답할 의무가 있으며, 사회 속에서 살고 있다는 사실로 인해 각자가 타인을 위한 일정한 행동 규칙들의 준수로 보답해야 하는 것은 피할 수 없다고 말한다.

그러한 행동규칙은 첫째, 상호간의 이익, 혹은 명확한 법률 조항이나 암묵적 동의에 의해 개인의 권리로 인정되는 정당한 이익을 침해하지 않아야 하며, 둘째, 각 개인은 사회 또는 구성원을 해악과 공격으로부터 보호하기 위한 과정에서 필요로 하는 노동과 희생에 대한 자기 부담(이것은 공정한 원칙에 의해 규정되는)을 감당해야 한다. 이러한 의무 이행을 거부하는 개인에 대해서는 어떤 희생이 발생한다 해도 사회가 이 조건들을 정당하게 강제할 수 있다고 말한다.

따라서 개인의 행동이 자신 이외의 타인의 이익에도 영향을 주지 않거나, 혹은 타인이 원하지 않는다면 사회적 간섭은 부당하다며 이슬람교, 스페인의 가톨릭교, 오락의 금지, 미국의 사치금지법, 금주법, 안식일, 몰몬교에 대한 탄압 등등에서 발견되는 부당한 사례들을 통해 사회가 개인에게 강제할 수 있는 통제의 한계를 제시한다.

핵심 내용

∷ 타인에 대해 우호적이지 않은 감정을 다양하게 드러낼 수는 있지만, 타

인의 개별성을 억압하는 방식이어서는 안 된다. 단지 자신의 개별성을 발휘하는 권리로써 행사될 수는 있다. 즉 드러내놓고 그 사람을 피할 권리는 없지만, 자신이 좋아하는 사람들을 선택할 권리는 있기 때문이다. 만약 타인의 행동이나 태도가 주변 사람들에게 해를 끼칠 것 같으면 그 사람을 주의하라는 경고를 할 수 있는 권리는 있다. 한편으로 그것은 의무이기도 하다.

:: 타인에게 해를 끼치는 행동은 전혀 다르게 취급되어야 한다. 타인의 권리를 침해하는 행동이란, 즉 정당한 권리 없이 타인에게 손해 또는 손실을 유발하는 것, 타인에게 거짓과 배신을 행하는 것, 불공평하고 악랄하게 자신의 이익만을 취하는 것, 심지어 타인에게 해가 되는 것을 알면서도 이기적인 이유로 모르는 척 하는 것 등등, 이 모든 행동은 도덕적 비난을 받아야 한다. 아주 심각한 경우에는 도덕적 보복과 제재까지도 받아야 한다.

:: 성인이 자신을 적절히 보호하지 못했다고 해서 처벌받아야 한다면 그 처벌은 그 사람 자신을 위해 이루어져야 한다. 개인의 능력이 손상되는 것을 방지하기 위해서라든가, 사회에 기여해야 할 개인의 의무를 주장하면서 (사회는 그러한 권리가 없다) 사회가 그 개인을 억압해서는 안 된다고 생각한다.

제5장 원리의 적용

5장에서는 지금까지 논의한 자유의 원리를 도덕과 합리성을 바탕으로 사회에 적용해야 한다는 것을 강조한다. 개인의 자유와 사회적 처벌의 경계가 모호한 지점이 발생하게 되면 실제로 어떻게 적용되어야 하는지에 대해 밀은 두 가지 원칙을 제시한다.

첫째, 개인은 자신의 행동에 대해 자신 이외의 타인의 이해관계에 해를 미치지 않는 한, 사회에 대해 책임을 질 필요가 없다. 타인의 행동에 비난 혹은 혐오를 정당하게 표현할 수 있는 유일한 수단은 충고하거나, 가르치거나, 설득하는 것, 또는 자신의 이익을 위해 필요하다고 생각될 경우에 그의 행동을 피하는 것뿐이다.

둘째, 다른 사람의 이익에 해를 끼치는 행동에 대해서는 그 개인이 책임을 져야 하며, 또한 사회 보호를 위해 사회적 혹은 법적 처리가 필수적이라고 인정되면 개인에게 처벌을 가할 수 있다.

그러나 이 두 가지 중 어느 것을 적용해야 할지 확실하지 않을 때는, 양자의 균형을 유지하라고 말한다. 이러한 원칙을 적용해야 하는 것으로 밀이 든 사례는 다양하다. 독약 판매의 규제라든가, 음주 절제를 위한 주류 과세라든지, 매춘이나 도박의 경우를 들어 판단의 근거를 제시하며 더 나아가 노예제에 대한 비판, 국가 교육의 다양성, 관료제의 폐해 등을 다룬다.

핵심 내용

:: 타인에게 해를 주거나 또는 해를 줄 가능성 있다는 이유만으로 사회의 간섭이 정당화될 수 있지만 언제나 그럴 수 있다고 가정해서는 안 된다. 사회에서는 종종 개인이 정당한 목적을 추구할 때 합법적인데도 어쩔 수 없이 타인에게 고통과 손실을 줄 수 있다. 또 타인의 행복을 방해하는 경우도 있다. 개인들 사이에 이익을 두고 생기는 대립은 가끔은 불합리한 사

회제도 때문일 수도 있다.

:: 범죄의 수단이 되는 상품 판매의 경우에도 이와 유사한 예방 조치를 실시할 수 있다. 예를 들어 판매자는 거래가 이루어진 실제 시간, 구매자의 이름과 주소, 상품의 정확한 내용과 수량, 사용 목적에 대해 소비자에게 묻고 그에 대한 답변 등을 장부에 기록하게 한다. 또한 의사의 증명 서류가 없는데 나중에 그 상품이 범죄에 사용되었다고 의심되는 경우에는 구입사실을 추궁할 수 있도록 제3자의 입회를 요구할 수 있다. 그러한 규제는 평상적인 상품 구입을 방해하지는 않을 것이나, 부적절하게 사용하는 사람에게는 아주 큰 장애가 될 것이다.

:: 사람들이 자신에게만 관련된 행동에서 자신의 책임 아래 최선의 것으로 여겨지는 방식이 허용되어야 한다면, 어떤 행동이 적합한지에 대해 서로 의견을 나누고 제안할 수 있는 자유도 마찬가지로 허용되어야 한다. 즉 어떤 일이든지 행동이 허용된 것은 그것에 대해 충고하는 것도 허용되어야만 한다.

:: 비록 사회 또는 국가가 개인에게만 영향을 미치는 행동에 대해서는 선악을 판단하여 억압하거나 처벌할 수 있는 결정적 권한은 없다고 하더라도, 그 행동이 악한 것으로 판단될 경우에는 최소한 토론에 붙일 수 있는 정당성은 있다고 할 수 있다.

:: 교육의 일부, 또는 대부분이 국가에 의해 통제되어야 한다고 주장한다면 나 역시 누구보다 강력하게 반대한다. 지금까지 개성 있는 성격과 의견, 다양한 행동 양식이 얼마나 중요한지에 대해 말해온 나의 모든 의견에는, 교육의 다양성 역시 말로 다 할 수 없을 정도로 중요하다는 것을 담고 있다.

국가에 의해 통제되는 교육은 국민들을 거의 비슷하게 정형화시키려는 저급한 수단에 지나지 않는다. 즉 국민들을 획일화시키면 시킬수록 그것은 국가의 권력자들을 기쁘게 하는 일이다. 그들은 군주, 또는 성직자들, 귀족들, 기존 세대를 지지하는 대중들이다. 그러한 교육이 효율적이고 성공적일수록, 정신을 온전히 통제할 수 있으며 아울러 자연스럽게 육체까지도 따라가게 한다.